Lüdtke Malen Zeichnen Gestalten

Fritz Lüdtke

Malen Zeichnen Gestalten

Schuler Verlagsgesellschaft München

ISBN 3-7796-4053-8

Satz: Chr. Belser, Stuttgart
Druck: Fratelli Fabbri, Mailand
Bindung: Franz Spiegel, Ulm
Printed in Italy

Inhalt

Einführung

Menschen, die einen Baum betrachten, sehen ihn verschieden, jeder auf seine Weise. Mehrere Maler stellen z. B. denselben Baum ganz unterschiedlich dar. Woran liegt das? An der Maltechnik, am Licht, das jeder anders empfindet, oder an der augenblicklichen Stimmung? Formen und Farben erwecken unterschiedliche Gefühle, hinterlassen in der Erinnerung jedes einzelnen andere Eindrücke. Dem einen erscheinen kahle, hochragende Äste als Ausdruck der Verzweiflung, während ein anderer damit zum Himmel strebende Sehnsucht verbindet.

Auch der Baum ändert sich: Er wächst, blüht im Frühjahr, trägt im Herbst Früchte und ist im Winter mit Schnee bedeckt. So sind beide, Mensch und Baum, in stetem Wandel begriffen.

Der Mensch hat seit Urzeiten das Bedürfnis, seine Eindrücke bildlich darzustellen, das Erlebte im Bild festzuhalten und zu bewahren. Der schöpferische Akt der Wiedergabe des Erschauten und Erlebten gibt dem Menschen ein Glücksgefühl und das gelungene Bild ein Gefühl der Zufriedenheit.

Die rasche technische Entwicklung der Neuzeit hat die meisten Menschen von schöpferischer Betätigung ferngehalten. Die individuelle handwerkliche Leistung wurde in zunehmendem Maß durch die Maschine ersetzt. Die kreativen Fähigkeiten des Menschen verkümmerten. Durch eine kreative Tätigkeit aber lernt der Mensch, intensiver zu sehen, rascher zu erkennen und Zusammenhänge zu begreifen. In ihm schlummernde, oft nur unterdrückte Fähigkeiten werden geweckt, und das Lebensgefühl wird gesteigert.

So wie der Mensch lernen mußte, das Feuer, das Rad oder ein Tier für seine Zwecke zu benutzen, so kann er lernen, Material und Farben zu beherrschen, die seinen Händen zu erstaunlichen Leistungen verhelfen können. Und dabei zeigt sich etwas Überraschendes: Je mehr Mal- und Zeichentechniken er kennenlernt, desto mehr Möglichkeiten hat er, auf Papier oder Leinwand seine Bildideen zu verwirklichen.

Ich kann nur hoffen, daß es dem Leser dieses Buches ebenso ergeht wie mir: beim Schreiben, Malen und Zeichnen fast jeder Seite hatte ich neue Einfälle, neue Ideen.

Leitfaden

Was können Sie von diesem Buch erwarten?
Malen, Zeichnen und experimentelles Gestalten macht Freude; Lernen dagegen verbindet man meist mit trockenem Schulunterricht. Da weder auf den Spaß noch auf den Lehrstoff verzichtet werden sollte, war es mein Bestreben, Sie so frei und so spielerisch wie möglich in die vielfältigen Gebiete des künstlerischen Gestaltens einzuführen. Sie finden keine langen Textseiten mit viel grauer Theorie und komplizierten Anleitungen. Ich habe mich vielmehr bemüht, Ihnen die künstlerischen Techniken so farbig und anschaulich wie möglich vor Augen zu führen.
Die Freude an kreativem Gestalten zu wecken und Sie zu eigenen Experimenten zu ermuntern, stand bei der Konzeption dieses Buches im Vordergrund. Deshalb sind auch viele Vorschläge so gehalten, daß sie in der Familie, mit Kindern, Freunden und Schülern als Teamarbeit ausgeführt werden können. Die numerierten Übungen zu den einzelnen Kapiteln sind Vorschläge, keine ›Schulaufgaben‹.
Die bei einigen Übungen abgebildeten Motivvorschläge sollen Ihnen am Anfang die Wahl ersparen und Ihnen damit die Konzentration auf die jeweilige Technik erleichtern. Auf keinen Fall sollen Sie sie in eine bestimmte Richtung zwängen. Die Bildbeispiele berücksichtigen neben den klassischen Ausdrucksformen auch modernste experimentelle Möglichkeiten bildnerischen Gestaltens. Ich bin sicher, daß Sie auf Ihrem Weg durch dieses Buch schöpferische Fähigkeiten an sich entdecken, die Ihnen vielleicht bislang verborgen waren.

Kunst als Hobby

Erna Emhardt, Hausfrau, kocht gern und gut – nicht nur nach dem Kochbuch, sondern auch nach selbsterfundenen Rezepten. Einmal im Jahr, vor den Weihnachtsfeiertagen, wird die Küche zur Malerwerkstatt. Aus Zuckerfarben und Lebkuchenteig entstehen bunte Fische, Katzen, Löwen, die Heiligen Drei Könige und die Heilige Familie auf der Flucht. Ihre Zuckerbackwerke sind sehr eindrucksvoll, offenbaren schöpferische Anlagen. In ihrem vierzigsten Lebensjahr greift sie zu Nadel und Faden, sammelt Abfälle und Reste von Wollstoffen, Leinen, Seide, Brokat und gestaltet nach Bleistiftskizzen Stoffbilder

›Fisch‹, ›Löwe‹ und ›Die Heilige Familie auf der Flucht‹ – Malerei mit gefärbtem Zuckerguß auf Lebkuchenteig

›Olivengarten in Montechiaro‹ – Filzstiftskizze, entstanden während eines Italienurlaubs

Links: ›Die Heilung des Lahmen‹ – Applikation aus Stoffresten

(Applikationen): Phantasielandschaften, Tierbilder und schließlich Bilder zum Alten und Neuen Testament. Die einfachen Mittel, die sie verwendet, zwingen zu großzügiger Komposition der Farben und Formen. Wirklichkeitsgetreue Wiedergabe ist ihr nicht wichtig. Sie läßt sich vielmehr ganz von ihrer spontanen Eingebung leiten und erzielt damit erstaunliche Bildwirkungen. So entstehen in wenigen Monaten zahlreiche Stoffbilder mit biblischen Szenen. Man wird auf sie aufmerksam. Ausstellungen werden veranstaltet, ihre Bilder finden in Drucken weite Verbreitung.

Der Erfolg spornt sie an, neue Techniken auszuprobieren. Sie zeichnet mit Bleistift, Kohle, Rötel und Kreide: Landschaften, Tiere im Zoo und im Zirkus, Pflanzen, Blumen, Bäume. Dabei entdeckt sie mit immer neuem Erstaunen den Reichtum der sie umgebenden Formen- und Farbenwelt. Sie greift nun zum Pinsel und beginnt, mit Öl zu malen. Die Freiheit in der Darstellung, die sie bei ihren Stoffbildern gewonnen hat, kommt ihr nun zugute und bewahrt sie vor sklavischer Nachahmung. Sie malt alles, was sie besonders beeindruckt, offenbart in ihren Bildern ihre persönliche Erlebniswelt. Eine besonders schwierige Technik reizte sie wegen der starken Leuchtkraft der Farben: die Hinterglasmalerei. Hier wird die Malerei mit Ölfarben auf die Rückseite einer Glasplatte aufgetragen, und zwar Schicht um Schicht, beginnend mit dem

Vordergrund. Im Gegensatz zum farbigen Kirchenfenster, das bei durchfallendem Licht betrachtet wird, ist das Hinterglasbild zum Anschauen bei auffallendem Licht bestimmt. Erna Emhardt ist heute eine international bekannte Künstlerin. Doch Ruhm und Erfolg bedeuten ihr wenig. Stärker wiegt die Freude und Bereicherung, die sie in ihrer schöpferischen Arbeit erfährt.

›Bergdisteln‹ (links oben) – ›Das Münchner Werneckschlößchen im Winter‹ (rechts oben) – ›Schloß Nymphenburg im Sommer‹

Alle Bilder auf dieser Doppelseite hat Erna Emhardt in Hinterglasmalerei ausgeführt.

›Chinesischer Turm im Englischen Garten‹ (rechts) – ›Olivias Zimmer‹ (unten) – Auf beiden Bildern kommt Erna Emhardts Liebe zu Tieren besonders schön zum Ausdruck

Berühmte Autodidakten

Einige Maler, die zu Weltruhm gelangten, haben nie eine Kunstakademie besucht. Diese Tatsache soll und kann den Wert einer gründlichen akademischen Ausbildung nicht in Frage stellen. Sie beweist aber, daß auch der Autodidakt die Chance hat, seinen Weg zu einer eigenen künstlerischen Aussage zu finden. Paul Gauguin zum Beispiel war ein Bankangestellter, Henri Rousseau ein Zollbeamter und Yves Tanguy ein Seemann. Wer wie diese drei Künstler Weltruhm erlangt, verdankt dies aber meist noch anderen Umständen. Denn früher oder später haben sich diese Autodidakten Künstlerkreisen angeschlossen, haben dort Fragen gestellt, haben diskutiert. Diese geistige Auseinandersetzung förderte die künstlerische Entfaltung der ›Außenseiter‹. Auch sollte der Glanz dieser Namen niemanden dazu verleiten, in Erwartung kommenden Weltruhmes gleich den Beruf aufzugeben und künftig nur noch der Kunst zu leben; selbst Goethe verzichtete ja nicht auf ein sicheres Staatsamt… Der erste Schritt sollte stets sein: die Freizeit sinnvoll auszufüllen, Freude an einer schöpferischen Tätigkeit finden und seine Kenntnisse der maltechnischen Möglichkeiten erweitern.

Links: Paul Gauguin ›Contes barbares‹, 1902 – Folkwang Museum, Essen

Mitte: Yves Tanguy ›Die Schlafende‹, 1927 – Sammlung André Breton, Paris

Henri Rousseau ›Die Schlangenbeschwörerin‹, 1907 – Louvre (Jeu de Paume), Paris

Das Atelier

Der amerikanische Pop-Künstler James Rosenquist bei der Arbeit im Atelier (Foto Ken Heyman)

Das Weimarer Atelier von Paul Klee (Photo aus dem Jahr 1924)

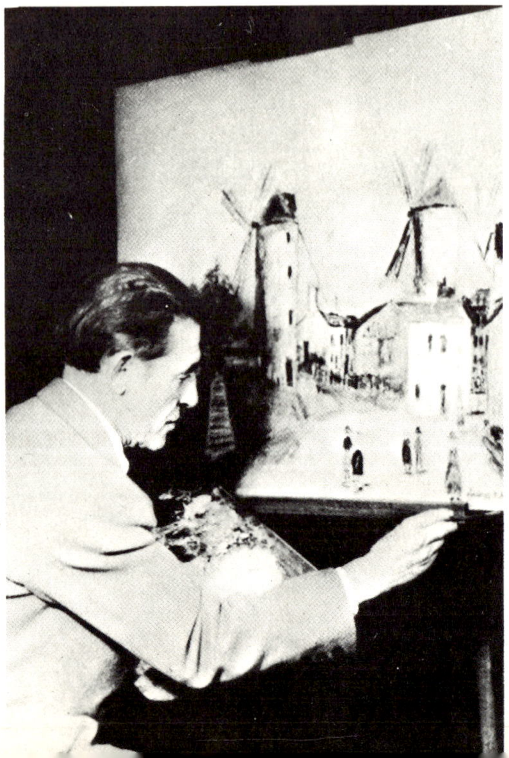

Pablo Picasso bei der Arbeit an dem monumentalen Bild ›Der Krieg und der Frieden‹

Maurice Utrillo an der Staffelei

Henri de Toulouse-Lautrec im Atelier bei der Arbeit an dem Bild ›Tänzer im Moulin Rouge‹ (1890)

Sicher werden Sie nicht gleich Bildformate bearbeiten wie Pablo Picasso oder James Rosenquist. In den meisten Fällen wird Ihnen eine Ecke im Zimmer als Atelier dienen. Starke Farben an Wänden oder Vorhängen können Sie beim Malen ungünstig beeinflussen. Richten Sie die Malecke möglichst an einem Nordfenster ein, um direkten Sonneneinfall mit ständig wechselnden Lichtverhältnissen zu vermeiden. Sorgen Sie bei der Aufstellung des Zeichentisches dafür, daß die zeichnende Hand oder der Körper keinen Schatten aufs Bild werfen. Unter tageslichtähnlichen Voraussetzungen können Sie auch abends beim Schein einer 100-Watt-Birne arbeiten. Alle wichtigen Materialien sollten von Ihrem Platz aus möglichst gut erreichbar sein. Regale, Schränkchen, Ablageborde, einige Nägel und Haken in der Wand machen das möglich. Solange Sie noch keine Staffelei besitzen, hängen Sie zum Malen die über den Rahmen gespannte Leinwand in Augenhöhe an der Wand auf. Lassen Sie sich beim Einrichten Ihres Ateliers ruhig etwas Zeit, denn kreative Atmosphäre muß organisch wachsen.

Die graphischen Techniken

Für viele sind die graphischen Techniken unter den künstlerischen Ausdrucksmöglichkeiten zweitrangig. Das mag daran liegen, daß man mit dem Begriff ›Bild‹ in erster Linie Farbe verbindet. Hinzu kommt vielleicht noch der oft skizzenhafte Charakter, den man in Bleistift- oder Tuschezeichnungen (Spalte 1 und 2) findet; hier wird vieles nur angedeutet, nicht ausgeführt. Dennoch steht außer Frage, daß die Zeichnung besonders im Hinblick auf die Malerei unerläßlich ist – denn sie weckt das Verständnis für Form, Struktur und Komposition.

Bei der Collage werden aus Papier oder Fotografien Formen ausgeschnitten und zu mehr oder weniger gegenständlichen Motiven zusammengeklebt.

Beim Linol- oder Holzschnitt wird das Motiv auf die Linoleum- oder Holzfläche aufgezeichnet. Dann werden Partien, die nicht drucken sollen, herausgeschnitzt, druckende Stellen bleiben erhaben stehen. Nach dem Einwalzen mit Farbe erfolgt der Druck.

Das Monotypie-Verfahren ermöglicht im Gegensatz zum Linol- und Holzschnitt nur einen einzigen Abdruck. Auf eine mit Öldruckfarbe eingewalzte Glasplatte wird ein Blatt Papier gelegt und mit der Zeichnung versehen. Zieht man das Blatt ab, erscheint die Zeichnung seitenverkehrt in weich verlaufendem Strichduktus.

Die Frottage ist eine Durchschreibetechnik. Auf eine stark gemaserte oder strukturierte Oberfläche wird ein Blatt Papier gelegt. Diese Struktur wird dann mit einem flach gehaltenen Bleistift oder mit Fettkreide auf das Papier durchgerieben.

Bleistift Kohle Kreide Rötel

Nur selten ist die Zeichnung als in sich abgeschlossenes Kunstwerk angelegt. Bleistift, Kohle oder Kreide werden in der Regel zum schnellen Festhalten einer Idee, eines Motivs oder einer Szene benutzt. Die für ein Aquarell oder Ölgemälde gültige Komposition ergibt sich meist erst aus verschiedenen Skizzen. Die Kohlezeichnung ist unerläßlich beim Vorskizzieren des Motivs auf der Leinwand oder anderen Malgründen. Schwarze Kreide, im Strich kräftiger und dunkler als Kohle und Rötel, eine eisenhaltige, rotbraune Tonerde, sind meist für Skizzen in Gebrauch. Der Bleistift, das bekannteste Zeichenmaterial, wird in etwa zwanzig verschiedenen Härtegraden von 10 H bis 8 B im Handel angeboten. Von der unendlichen Vielfalt zeichnerischer Ausdrucksmög-

lichkeiten können Sie sich selbst überzeugen, wenn Sie diese Zeichnungen berühmter Künstler miteinander vergleichen.

Von links nach rechts:
Alberto Giacometti ›Stilleben‹, 1959 – Privatsammlung, Mailand
Georges Seurat ›Café-Konzert‹, 1887 – Museum of Modern Art, New York
Henri de Toulouse-Lautrec ›La Goulue‹, 1881 – Musée Toulouse-Lautrec, Albi
Oben: Giorgio Morandi ›Stilleben‹, 1943 – Privatsammlung, Mailand
Auguste Renoir ›Kopfstudien‹ – Sammlung Robert Lebel, Paris

Das Zeichenmaterial

Lassen Sie sich von der Fülle des gezeigten Materials nicht verwirren. Für den Anfang genügen Radiergummi (3), Spitzer (2) und drei Bleistifte (4) unterschiedlicher Härtegrade (2H, HB, 5B). Nach und nach können Sie Ihre Zeichenutensilien vervollständigen: Minenstift (6) mit verschiedenen Minen, Stift mit schwarzer Kreidemine (7), Rötelstift (9), Stift mit weißer Kreidemine (8) für getöntes Papier, Pastellkreide (13), Kohle (14), Rötel-Zeichenkreide (15). Zum Spitzen der Minen gibt es außer dem Minenspitzer (5) noch mit Sandpapier bespannte Holzbrettchen (10). Sogenannte Wischer (11) als auch der heute seltener gebrauchte Feuerschwamm (17) dienen zum Schummern und Verreiben von Kohle und Kreide. Knetgummi (1) läßt sich in beliebige Formen kneten und radiert Kohle und Kreide ohne zu schmieren weg. Wertvolle Zeichnungen sollten fixiert werden, um ein Verschmieren der Zeichnung zu verhindern.
Fixative werden in zwei verschiedenen Handelsformen angeboten: in der Flasche mit einem Blasröhrchen (19) oder in der Sprühdose (18). Achten Sie beim Fixieren darauf, daß aus genügender Entfernung (30–60 cm) sparsam und gleichmäßig gesprüht wird.
Lineal, Winkel (16) und Zirkel (12) finden hin und wieder bei konstruktivem Zeichnen Anwendung.

Vergrößern
Ein Tip, wenn Sie Skizzen vergrößern wollen: Ziehen Sie über Ihre Skizze ein Quadratnetz. Auf dem größeren Format ziehen Sie nun mit feinen Strichen ein Quadratnetz mit der gleichen Anzahl von Quadraten, nur im Maßstab vergrößert. Die Linien innerhalb eines Quadrates auf der Skizze sind leicht zu überblicken und können ohne Schwierigkeiten in die entsprechenden Quadrate des vergrößerten Netzes übertragen werden.

Bleistiftstrukturen...

Die erste Übung (1) in diesem Buch ist sehr einfach. Sie benötigen lediglich drei Bleistifte in verschiedenen Härtegraden (3H = Hart, HB = Mittel, 5B = Weich), Schmierpapier, Radiergummi, eine Schere und Klebstoff. Schauen Sie sich die Strukturbeispiele genau an und lesen Sie die jeweiligen Erläuterungen dazu. Versuchen Sie nun, auf Ihrem Schmierpapier die gleichen Strukturen zu zeichnen. Ist Ihnen das gelungen, können Sie Ihrer Phantasie freien Lauf lassen und weitere Strukturen erfinden. Achten Sie dabei auf unterschiedliche Tonwerte (Helligkeitsgrade). Die fertigen Strukturen schneiden Sie quadratisch aus und kleben sie kontrastreich zu einer Art Schachbrettmuster zusammen. Auf der folgenden Doppelseite sehen Sie, wie aus unterschiedlichsten Strukturen ein gegenständliches Motiv aufgebaut werden kann.

Obere Reihe von links nach rechts:

1. Kurz abgesetzte Striche mit flachgehaltenem weichen Bleistift

2. Parallele Schraffuren mit weichem Bleistift

3. Mit dem Finger verriebener Graphitstaub von einem weichen Bleistift

4. Die hellen Striche stammen von einem sehr harten Bleistift. Anschließend wurde mit einem flachgehaltenen weichen Bleistift die dunkle Schraffur aufgelegt

5. Auslaufende, energisch hingesetzte Striche

Untere Reihe von links nach rechts:

1. Übereinandergesetzte Strichlagen mit hartem Bleistift

2. Die weißen Flecke wurden in eine mit weichem Bleistift schraffierte Fläche radiert

3. Strichlagen aus unterschiedlichen Bleistifthärtegraden (Weich-Mittel-Hart)

4. Dieselbe Technik wie bei Beispiel 4 der oberen Reihe

5. Kreisbewegungen mit einem harten Bleistift

6. Versuchen Sie selbst herauszufinden, wie diese Struktur zustandegekommen ist

... ihre Anwendung im Bild

Verreiben Sie mit dem Finger Graphitstaub zu einer weich getönten Fläche. So erhalten Sie je nach Tönung eine helle oder dunkle Himmelstimmung. Die Kreisform wurde herausradiert.

Diese Struktur eignet sich für Blattwerk. Die flach aufs Papier gepreßte Bleistiftspitze wird in Richtung der Längsachse des Bleistifts unter leichter Drehung rasch hin und her geführt.

Kreisbewegungen mit einem spitzen Bleistift sind im Bild vielseitig anwendbar. Durch Verdichten des Liniennetzes erreichen Sie Tonwertabstufungen.

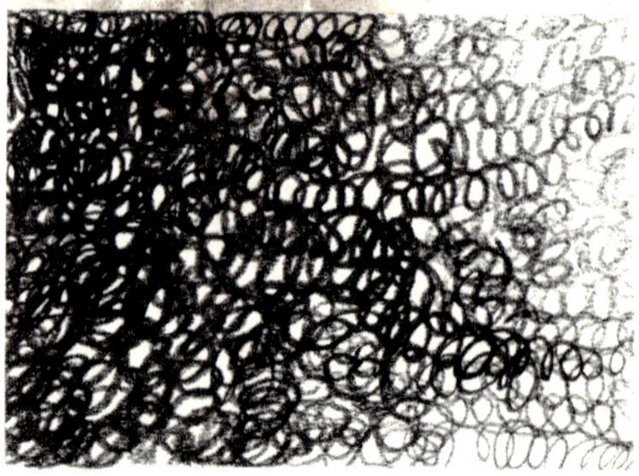

Radieren Sie in eine schraffierte Fläche und verschmieren Sie der Kontrastwirkung wegen einige Radierstellen. Die erzielte Struktur kann z. B. Felsformationen gut wiedergeben.

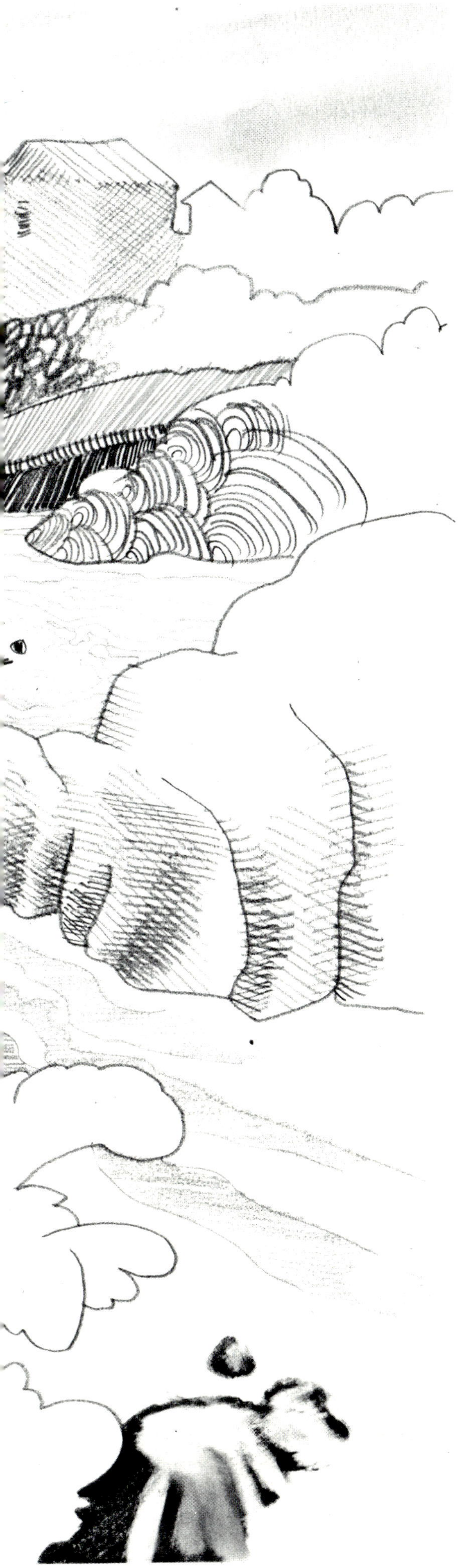

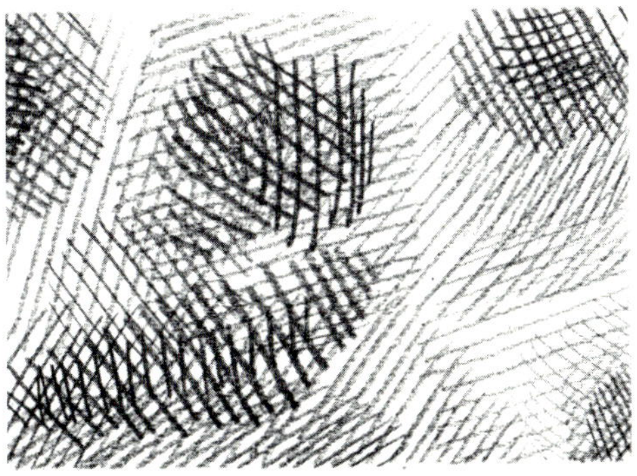

Setzen Sie parallele Strichlagen unterschiedlicher Strichstärke, Dichte und Form in wechselnder Richtung übereinander. Mit dieser Technik lassen sich plastische Wirkungen erzielen.

Führen Sie diese fast ornamentale Struktur von Kreisformationen in einer Zeichnung nicht zu perfekt aus; der Kontrast zu den übrigen Strukturen wird sonst zu grell.

Ein ineinanderlaufendes Geflecht von Strichlagen eignet sich eher für abstrakte Zeichnungen. Wo die Strichlagen aufeinanderstoßen, entstehen ausgeprägte plastische Wirkungen.

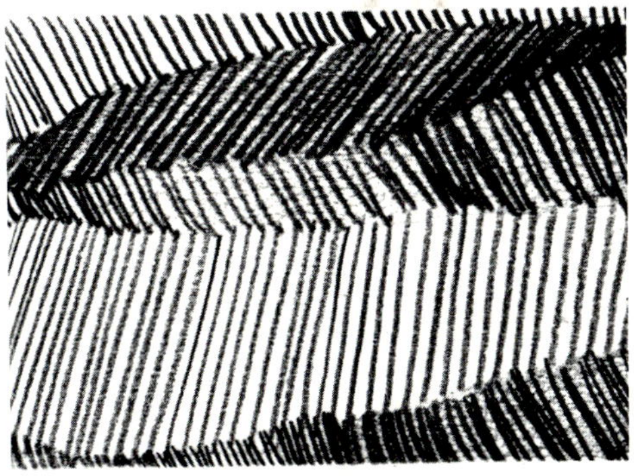

Eine solche Struktur können Sie zu noch größerer plastischer Wirkung bringen, wenn Sie verschieden harte Bleistifte verwenden und in unterschiedlicher Dichte zeichnen.

Übung (A): Fertigen Sie eine Skizze nach Art des rechts abgebildeten Motivs. Setzen Sie passende und in den Tonwerten gut aufeinander abgestimmte Strukturen in die Vorzeichnung ein.

Tusche und Tinte

Während Bleistift, Kohle oder Kreide hauptsächlich zum flüchtigen Skizzieren oder Vorzeichnen benutzt werden, tendiert die Anwendung von Tusche oder Tinte doch eher zu einer abgerundeten Komposition. Unterschiedliche Wirkungen ergeben sich je nachdem, ob mit der Feder gezeichnet, mit dem Pinsel gemalt oder beide Möglichkeiten kombiniert werden. Entdecken Sie selbst beim Vergleich charakteristische Merkmale!

Camille Corot ›Blick von Civita Castellana auf den Monte Soratte‹, Federzeichnung – Fogg Art Museum, Cambridge/USA

Edvard Munch ›Dame mit Brosche‹, 1903 – Albertina, Wien

Links: Paul Klee ›Die große Kuppel‹, Federzeichnung, 1927 – Kunstmuseum Bern (Paul-Klee-Stiftung)

Albrecht Dürer ›Der Hafen von Antwerpen‹ – Albertina Wien

Rechts: Pablo Picasso ›Stierkämpfer‹, 1959

Das Material

Bevor Sie mit dem Material für die Federzeichnung bekannt gemacht werden, sind einige Bemerkungen zu ganz modernen Zeichengeräten angebracht: den Filzstiften (2). Das Angebot reicht von den feinsten Spitzen mit extrem dünnem Strich bis zu einer Filzbreite von einem Zentimeter. Zudem sind Filzstifte mit wasserlöslicher oder wasserunlöslicher Schreibflüssigkeit in sehr vielen Farben erhältlich. Weder

ihre Handhabung noch die erzielbare Bildwirkung läßt sich den herkömmlichen graphischen Techniken zuordnen. Hier erschließt sich Ihnen also ein besonders interessantes Experimentierfeld! Zum Vorskizzieren von Öl-, Tempera- oder Acrylbildern sollten Filzschreiber nicht verwendet werden, da die Schreibflüssigkeit durch die Farbe durchschlägt – es sei denn, Sie beabsichtigen gerade diesen Effekt. Doch nun zu Tusche und Tinte. Im Handel werden zahlreiche Sorten angeboten; die gebräuchlichsten sind die Zeichentusche von Pelikan (1), ›Indian Ink Nr. 71‹ der Firma Günther Wagner und das dünnflüssige ›Scribtol‹ von Pelikan. Tuschen gibt es auch in verschiedenen Farben (13). Mit Stahlfeder (9) oder Pinsel (6) bringen Sie Tusche oder Tinte aufs Papier. Weniger gebräuchlich sind Bambusfeder (10) oder Rohrfeder (11), die allerdings einen sehr lebendigen, individuellen Zeichenduktus ermöglichen. Ziehfeder (4), Lineal und Zirkel (5) werden eher bei technischen Motiven Anwendung finden. Das Tesakrepp-Band (12) eignet sich zum Abkleben von Bildpartien oder zur Begrenzung des Bildformates. Tusche läßt sich auch mit einem Tintenradiergummi (8) nur schwer entfernen. Am besten verwenden Sie dazu eine Rasierklinge (7) oder ein scharfes Schneidemesser (3).

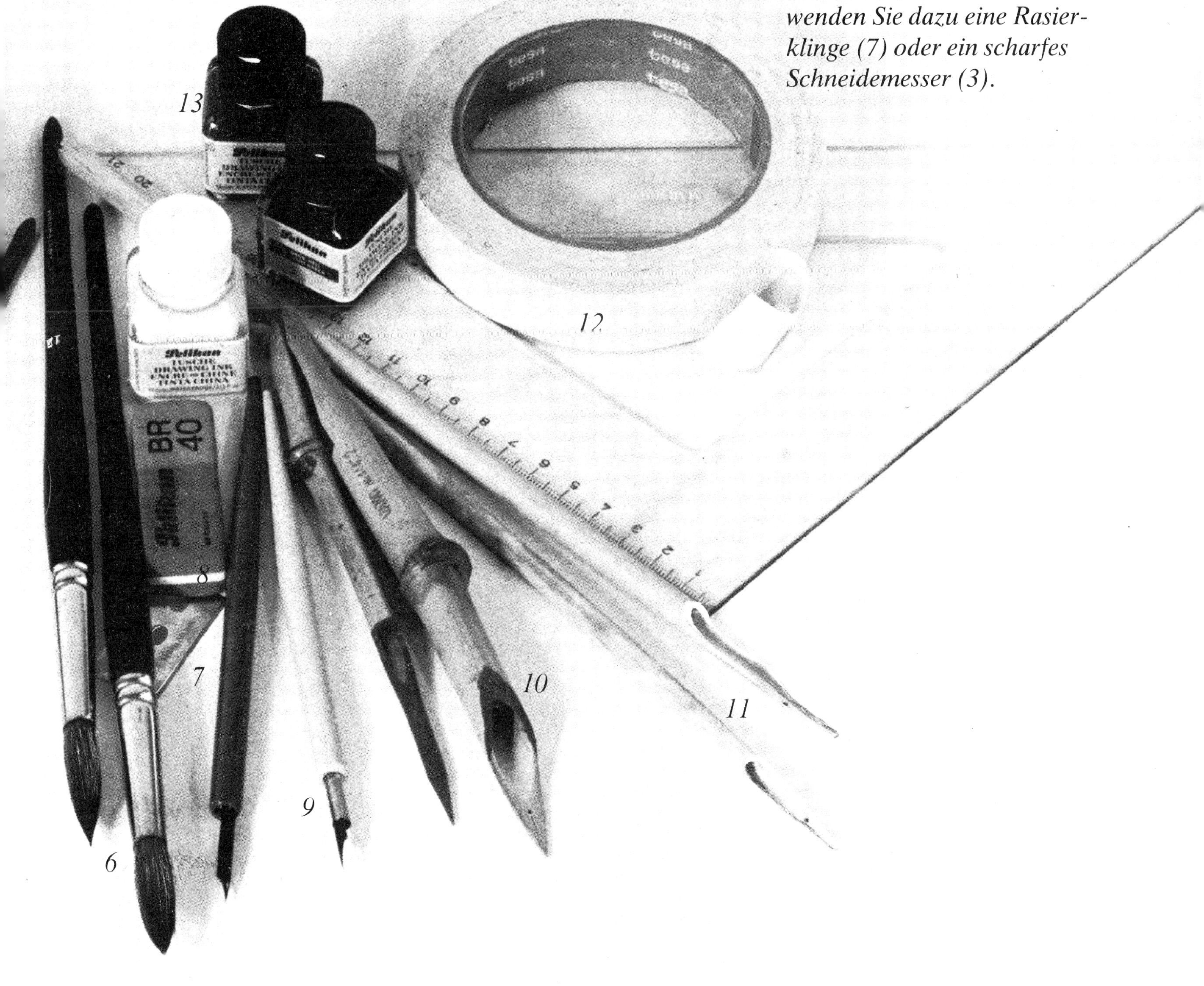

Tuschestrukturen...

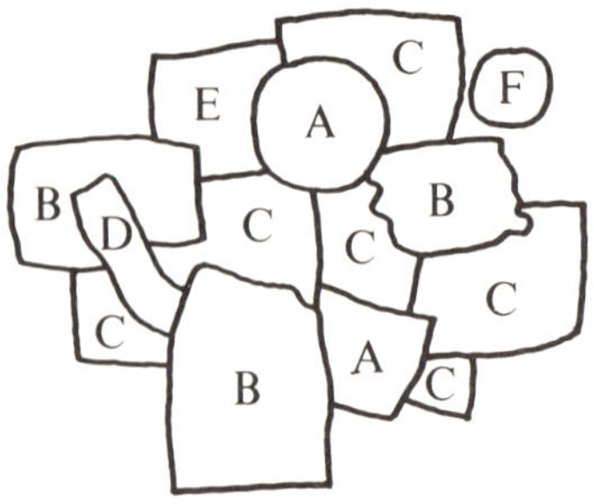

Für die Übungen mit Tusche ist, wie bei den Bleistifttechniken, die Struktur Ausgangspunkt unserer Bildgestaltung. Auch hier steht das Experimentieren mit abstrakten Mustern am Beginn. Übung (2): Gruppieren Sie Flächen mit unterschiedlichen Strukturen, Formen und Tonwerten. Achten Sie darauf, daß der Umriß der gesamten Komposition lebendig und abwechslungsreich gerät. Die scharfe Abgrenzung der Flächen voneinander erreichen Sie durch die Anwendung von Schablonen. Auf die Vorzeichnung legen Sie ein durchsichtiges Papier, pausen die Kontur der jeweiligen Fläche durch und schneiden sie mit dem Schneidemesser aus (siehe Abbildung). Zum Zeichnen einer Struktur legen Sie nun die Schablone auf die Vorzeichnung.

Die mit A markierten Strukturen sind mit der Feder gezeichnet. B zeigt an, daß hier eine angefeuchtete Fläche mit Feder oder Pinsel bearbeitet wurde. C kennzeichnet Strukturen, die in der sogenannten Trockenpinseltechnik ausgeführt sind. Dabei wird ein grober Borstenpinsel in Tusche getaucht und so lange ausgestrichen, bis nur noch dünne Linien erscheinen. Bei Beispiel D wurde die tuschegetränkte Kante eines Kartonstreifens in kurzen Abständen hintereinander auf Papier abgedrückt. Fläche E wurde mit einem runden Borstenpinsel gestupft. Die Struktur F erhält man durch Drehbewegungen mit demselben Pinsel.

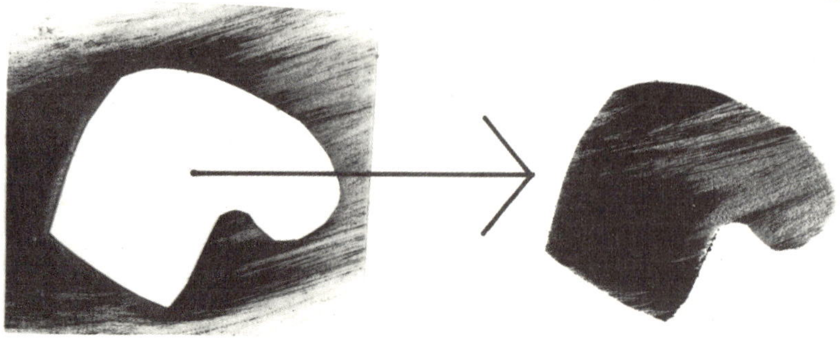

... ihre Anwendung im Bild

Übung (3): Entwerfen Sie ein ähnlich einfaches Landschaftsmotiv. Setzen Sie die auf der vorhergehenden und dieser Doppelseite abgebildeten Strukturen sinnvoll ein. Unter der Hand gelingen Ihnen sicher beim Experimentieren auch ganz neue Strukturen.

Diese wollige Struktur ist mit einer feinen, spitzen Feder gezeichnet. Durch eine Verdichtung der Linien erreichen Sie dunklere Tonwerte.

Hier sind senkrechte und schräge Strichlagen untereinandergereiht. Je dichter die Strichfolge, desto dunkler der Streifen. Abwechselnd helle und dunkle Strichlagen erhöhen die Plastizität.

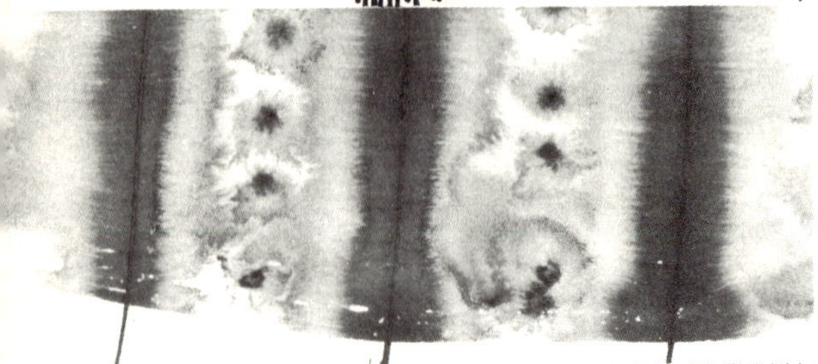

Tragen Sie mit einem breiten Pinsel etwas Wasser auf. Setzen Sie in die nasse Fläche senkrechte Linien und Punkte.

Bei dieser Struktur ist es wichtig, daß die Linien schwungvoll und locker mit einer feinen Feder aufs Papier gesetzt werden.

Übereinander schraffierte Linien ergeben eine zarte, transparente Wirkung, wenn die Richtung der Linien bei jeder Strichlage verändert wird.

Lassen Sie einen Tropfen Tusche auf stark angefeuchtetes Papier fallen und ziehen Sie dann mit dem Tuschepinsel in einiger Entfernung einen Kreis um diesen Punkt. Die sich ausbreitende Tusche verläuft an den Rändern zu feinverästelten Gebilden.

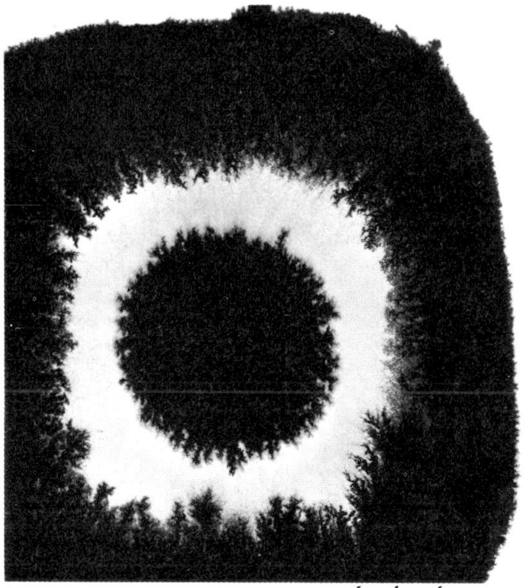

Ziehen Sie mit einer weichen flachgehaltenen Feder bei unterschiedlichem Druck Linien.

Diese rindenartige Struktur entsteht, wenn Sie mit einer feinen Tuschefeder Linien auf einer angefeuchteten Fläche ziehen.

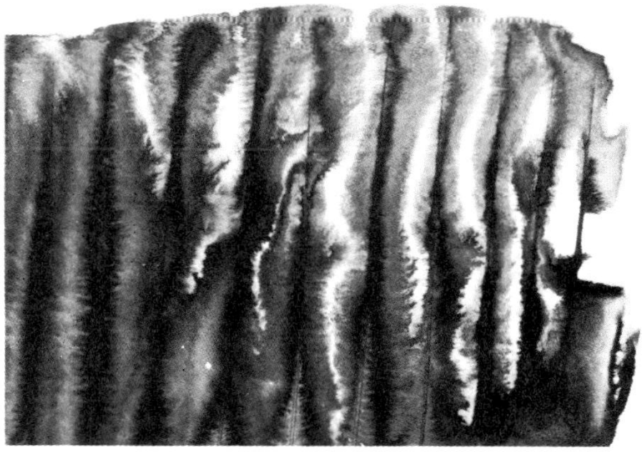

Auch hier ist angefeuchtetes Papier Voraussetzung. Rasch gesetzte Punkte mit der Tuschefeder schaffen diese reizvolle und vielseitig verwendbare Struktur.

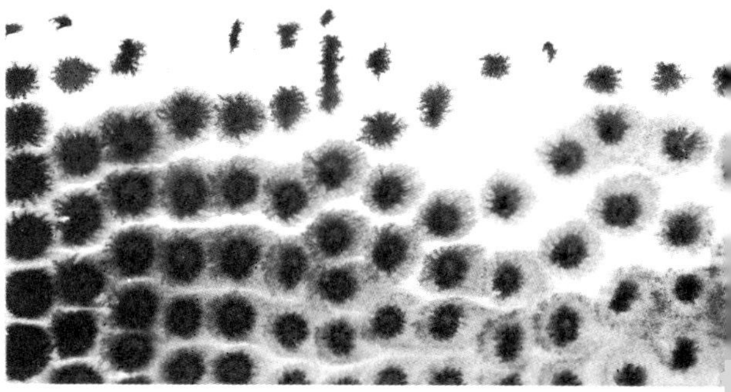

Die Collage

Der Beginn der modernen Malerei war gleichzeitig die Geburtsstunde der Collage (von franz. coller, kleben). Picasso und Braque begannen 1912 Stücke von Tapeten, Zeitungen, Prospekten und Plakaten in ihre Bilder einzukleben. Banale Dinge des Alltags wurden Bestandteil der Bildkomposition. – Eine neue Kunstform war geschaffen, und die meisten großen Künstler unseres Jahrhunderts machten davon Gebrauch. In den Werken von Max Ernst, Hans Arp, Kurt Schwitters und Robert Rauschenberg ist die Collage von entscheidender Bedeutung. Die Collage ist nicht nur auf das Klebebild beschränkt, sie umfaßt jede Art des Materials.

Doch nun zu der geklebten zweidimensionalen Collage mit Papier.
Übung (4): Beginnen Sie damit, aus Illustrierten Seiten mit interessanten Mustern herauszutrennen. Beschränken Sie sich dabei vorerst auf Schwarzweiß-Motive. Legen Sie sich auch die Blätter mit Ihren Strukturübungen zurecht. Wenn Sie sich für ein bestimmtes Motiv entschieden haben, schneiden Sie die Formen aus und schieben sie so lange auf dem Papier herum, bis Sie eine zufriedenstellende Komposition gefunden haben. Ob Sie dabei so großflächig arbeiten wie auf dem linken Beispiel oder so detailliert wie rechts, bleibt Ihnen überlassen.

Natürlich ist eine Collage nicht nur mit abstrakten Strukturflächen zu gestalten. Auch Teile von Fotos oder Zeichnungen können zu einer neuen, manchmal lustigen, paradoxen oder surrealistischen Bildaussage zusammengeklebt werden. Ihrer Phantasie sind dabei keine Grenzen gesetzt: Nichts ist unmöglich, alles ordnet sich der Hand des Künstlers unter.

Oben links: Georges Braque – ›Stilleben‹, Collage, 1913 – Kunsthaus Zürich, Sammlung J. Pudelko

Unten links: Hans Arp – Collage, 1917 – Sammlung Fernand Graindorge, Liège

Unten rechts: Henri Matisse ›Ozeanische Erinnerung‹, Collage mit Buntpapier, 1953 – Museum of Modern Art, New York

Übung (5):
Machen Sie einmal den Versuch, zwei Bilder, die Ihnen mißlungen sind, in unterschiedlich breite Streifen zu zerschneiden und abwechselnd Streifen für Streifen nebeneinander aufzukleben. Das Beispiel oben zeigt Ihnen, wie aus den beiden einfachen Farbpapiercollagen (links) diese formal interessante, eigenwillige Komposition entstand.

Übung (6): Eine besonders reizvolle optische Variante der Collage läßt sich auf folgende Weise herstellen: Zerschneiden Sie zwei farbige Bilder in gleich breite Streifen. Kleben Sie die Streifen abwechselnd, aber in richtiger Reihenfolge auf einen ziehharmonika ähnlich gefalteten Karton. Je nach Betrachtungswinkel erscheinen drei verschiedene Bilder: direkt von vorn betrachtet die Kombination beider Motive, seitlich von links betrachtet das eine, von rechts das andere Motiv. Denken Sie sich noch Variationen dazu aus.

Max Ernst, der sich neben Kurt Schwitters wohl am intensivsten mit der Collagetechnik beschäftigt hat, benutzte zwischen 1920 und 1935 zur Materialsammlung vor allem Biologie-, Botanik- und Anatomiebücher. Die phantastische, surreale, oft auch spukhafte und gespenstische Wirkung seiner Collagen liegt im Raffinement der Anordnung: Die realisti-

Max Ernst ›Der junge Prinz‹, 1927 – Galerie Schwarz, Mailand

Oben: Kurt Schwitters ›Black‹, 1946 – Privatsammlung, Mailand

Kurt Schwitters ›Mixtur‹, 1937 – Galerie Schwarz, Mailand

schen Einzelteile, in ihren ursprünglichen Zusammenhängen oft gar nicht auffällig, gewinnen als Fragmente spannungsvolle Ausdruckskraft. ›Die Collage‹, sagt Max Ernst, ›ist die systematische Ausbeutung des zufälligen oder künstlich provozierten Zusammentreffens von zwei oder mehr wesensfremden Elementen auf einer augenscheinlich dazu ungeeigneten Ebene – und der Funke Poesie, welcher bei der Annäherung dieser Realitäten überspringt.‹ Kurt Schwitters, den man zu den Dadaisten zählt, erstrebt in seinen Collagen eine neue geometrische Abstraktion; gegenständliche Assoziationen finden sich bei ihm kaum.

Die Tschechin Rougena Zadkowa gestaltete schon 1913 abstrakte Collagen aus Metall- und Zellophanfolien. Der Amerikaner Robert Rauschenberg kombiniert Malerei und Collage im selben Bild.

Von links nach rechts:
Kurt Schwitters ›Merz 94‹, 1920 – Sammlung Eduard Neuenschwander, Zürich

Rougena Zadkowa ›Fließendes Wasser unter Eis und Schnee‹, 1921 – Privatsammlung, Rom

Robert Rauschenberg ›Zapfenstreich‹, 1958 – Sammlung Ben Heller, New York

Oberflächenstrukturen

Nachdem Sie nun so viel von Strukturen gelesen und sicher auch schon viele davon selbst ausprobiert haben, wird es Ihnen nicht schwerfallen, diese Erfahrungen auf ganz konkrete Gegenstände anzuwenden. Wichtig ist dabei, die für den Gegenstand charakteristische Oberflächenstruktur zu treffen, also etwa rauh, glatt, fein oder grob gemasert, porös, kantig, wollig, faserig, glänzend oder matt. Zur Beschaffenheit der Struktur gehört natürlich auch der richtige Tonwert. Um den Gegenstand zu voller plasti-

scher Wirkung zu bringen, sollten Sie ihn sich auf die Verteilung von Licht und Schatten hin genau ansehen. An zwei Beispielen – dem aufgeschnittenen Gehäuse einer Meeresschnecke und dem morschen Holzstück – können Sie durch Vergleich mit den Fotos die zeichnerische Ausführung sehr unterschiedlicher Oberflächenstrukturen verfolgen.

Übung (B): Versuchen Sie, die Oberflächenstruktur des abgebildeten Felsbrockens so genau wie möglich wiederzugeben.

Übung (C): Ganz andere Strukturen sind bei der zeichnerischen Wiedergabe dieses Körbchens anzuwenden. Hier empfiehlt es sich, erst einmal auf Schmierpapier Lösungen für den Verlauf des Flechtwerks auszuprobieren.

Die Ausdruckskraft der Linie

Linien und Striche können seelische Vorgänge zum Ausdruck bringen. Das haben vor allem die Maler des Expressionismus erkannt und beispielhaft verwirklicht. Ein Bild, das keinerlei gegenständliche Anhaltspunkte bietet, kann allein durch die Ausdruckskraft von Linien und Farben ganz konkrete Gefühlszustände vermitteln: freudige Erregung oder Trauer, Zorn oder Angst. Bei figürlichen Darstellungen kann man oft schon aus der Haltung einer Figur auf die Stimmung schließen. Große Künstler reduzieren Haltung und Gestik einer Figur oft nur auf wenige Linien und Striche und erreichen gerade dadurch den stärksten seelischen Ausdruck.

Nach oben weisende, locker hingesetzte Striche vermitteln Gelöstheit, tänzerische Beschwingtheit.

Die geballte Kraft einer explosiven Entladung – ein Eindruck, der durch wenige Pinselstriche erzeugt werden kann.

Zarte, wellenförmige Linien in Trockenpinseltechnik bringen Besänftigung und ruhevollen Rhythmus zum Ausdruck.

Wirbelndes Durcheinander und nervöse Hektik spricht aus diesem akzentuiert gesetzten Strichewirrwarr.

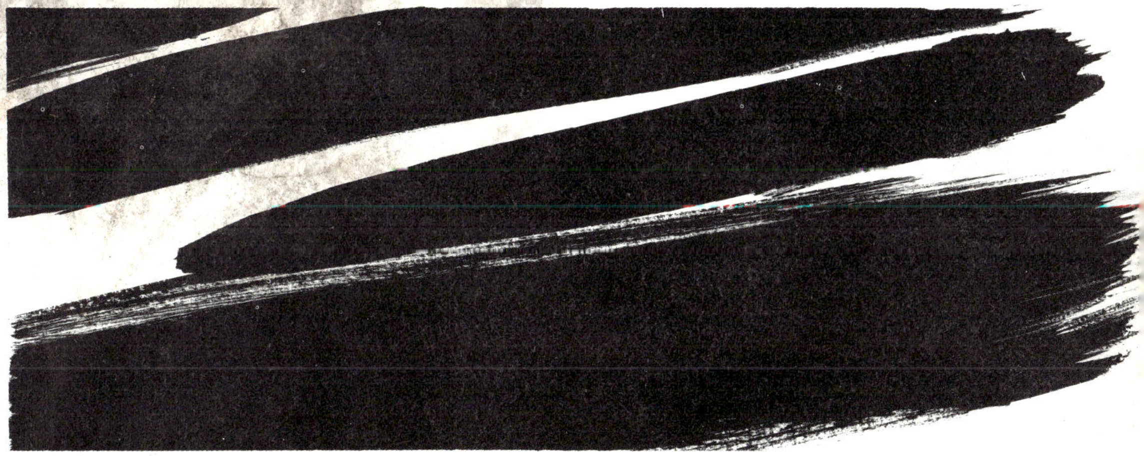

Wuchtig, bestimmt, schwer und lastend – so etwa lassen sich diese Striche mit breitem Pinsel charakterisieren.

Die erst etwas ansteigenden und dann steil und breit nach unten auslaufenden Linien signalisieren Enttäuschung, Deprimiertheit, Müdigkeit.

Übung (7): Versuchen Sie, noch weitere Stimmungen durch Linien und Striche auszudrücken.

Die Tonwerte
1. Stimmung

Diese Skala zeigt Ihnen zehn Grautöne in gleichen Abstufungen von Schwarz nach Weiß. Die Anzahl der Abstufungen ließe sich durch immer feinere Nuancen noch erheblich vergrößern. Die Tonwerte – so nennt man die Abstufungen von Hell nach Dunkel – sind wichtig für die Stimmung des Bildes. In der Regel wird rein gefühlsmäßig Hell mit ›sonnig‹, ›klar‹, ›heiter‹ gleichgesetzt und mit ›Freude‹ oder ›Glück‹ verbunden, während Dunkel auf Düsteres, Unheimliches, Drohendes oder Gefährliches hinweist sowie Gefühle der Angst oder Trauer hervorruft. Um die gewünschte Bildstimmung zu erzielen, sollten Sie die Tonwerte genau abwägen und bewußt in die Zeichnung einsetzen.

Übung (8): Links unten ist eine Landschaft des italienischen Malers Giorgio Morandi abgebildet. Ihre Aufgabe ist es nun, die in einer neutralen, fast zarten Stimmung gehaltene Zeichnung durch andere Tonwerte in eine sonnige Szene mit starken Hell-Dunkel-Kontrasten oder in eine düstere, unheimliche Nachtszene umzu-

wandeln. Die beiden bereits begonnenen Beispiele sollen Ihnen Anhaltspunkte geben. Links unten Morandis Bild mit Grautönen vorwiegend aus dem hellen Bereich. In der Mitte sehen Sie die sehr kontrastreiche Version, bei der die Skala von Weiß bis Schwarz genutzt wurde. Rechts unten die in vorwiegend dunkelgrauen bis schwarzen Tönen gehaltene Landschaft in düsterer Stimmung.

2. Tiefenwirkung

Wenn Sie übers flache Land in die Weite blicken, können Sie feststellen, daß die im Vordergrund noch intensiven Farben und klaren Formen mit zunehmender Entfernung undeutlicher werden und schließlich zum Horizont hin ganz verschwinden. Auf Théodore Rousseaus Bild sind die Tonwerte im Vordergrund (dazu gehören auch die Wolken am oberen Bildrand) dunkel und kräftig; zum Horizont in der Bildmitte hin werden sie stufenweise heller. So erreichte der Maler eine überzeugende Tiefenwirkung.

Auch André Derains Bildkomposition ist auf Tiefenwirkung angelegt. Je näher die Objekte am Betrachter, desto dunkler sind sie im Tonwert. Die Abstufung vom Gebälk im Vordergrund zum Schiff, zur Brücke und zu den Häusern ganz hinten ist gut erkennbar. Die jeweils hinzugefügten Skizzen zeigen Ihnen, daß farbige Motive in Schwarzweiß übertragen werden können, ohne dabei an Tiefenwirkung einzubüßen.

Linke Seite: Théodore Rousseau ›Blick auf Paris von der Terrasse des Bellevue‹, 1833 – Musées Royaux des Beaux-Arts, Brüssel

André Derain ›Blackfriars‹, 1907 – Art Gallery Glasgow

Übung (D): Tiefenwirkung beruht vor allem auf Tonwertabstufungen. Acht Felder, in den unterschiedlichsten Techniken strukturiert, zeigen Ihnen beispielhaft Möglichkeiten der Tonwertabstufung. Wählen Sie drei davon aus und füllen Sie ein Übungsblatt, das Sie nach dem Schema rechts in drei Felder aufteilen, mit Ihren Fertigkeitsproben.

Mit Bleistift (HB) gestrichelt und verrieben

Tuschelinien unterschiedlicher Stärke, mit der Ziehfeder gezogen

Mit spitzer Tuschefeder gestrichelt

Mit Pinsel, Tusche und Deckweiß gemalt

Trockenpinseltechnik mit Tusche

Kartoffelstempeldruck mit Tusche

Mit rundem Borstenpinsel und Tusche gestupft

Schriftzeilen von unterschiedlichem Helligkeitswert, aneinandergeklebt

Im Gebirge können Sie bei leicht dunstigem Wetter beobachten, daß die Berge mit zunehmender Entfernung in graublauen Abstufungen immer heller erscheinen, bis sie schließlich ganz im Dunst verschwinden. Eine solche Tiefenstaffelung ist natürlich auch in umgekehrter Reihenfolge, also von Hell nach Dunkel, zu beobachten, wenn beispielsweise eine Lichtquelle den Vordergrund beleuchtet. Übung (E): Zeichnen Sie ein beliebiges Landschaftsmotiv mit Bergen und legen Sie die Schraffuren ganz auf Tiefenwirkung hin an, wie es die obere Skizze zeigt.

Joseph Anton Koch ›Heroische Landschaft mit Regenbogen‹ (Ausschnitt), 1815 – Neue Pinakothek, München

A. V. C. Fielding ›Loch Lomond‹ (Ausschnitt), 1844 – Laing Art Gallery, Newcastle-upon-Tyne

3. Licht und Schatten

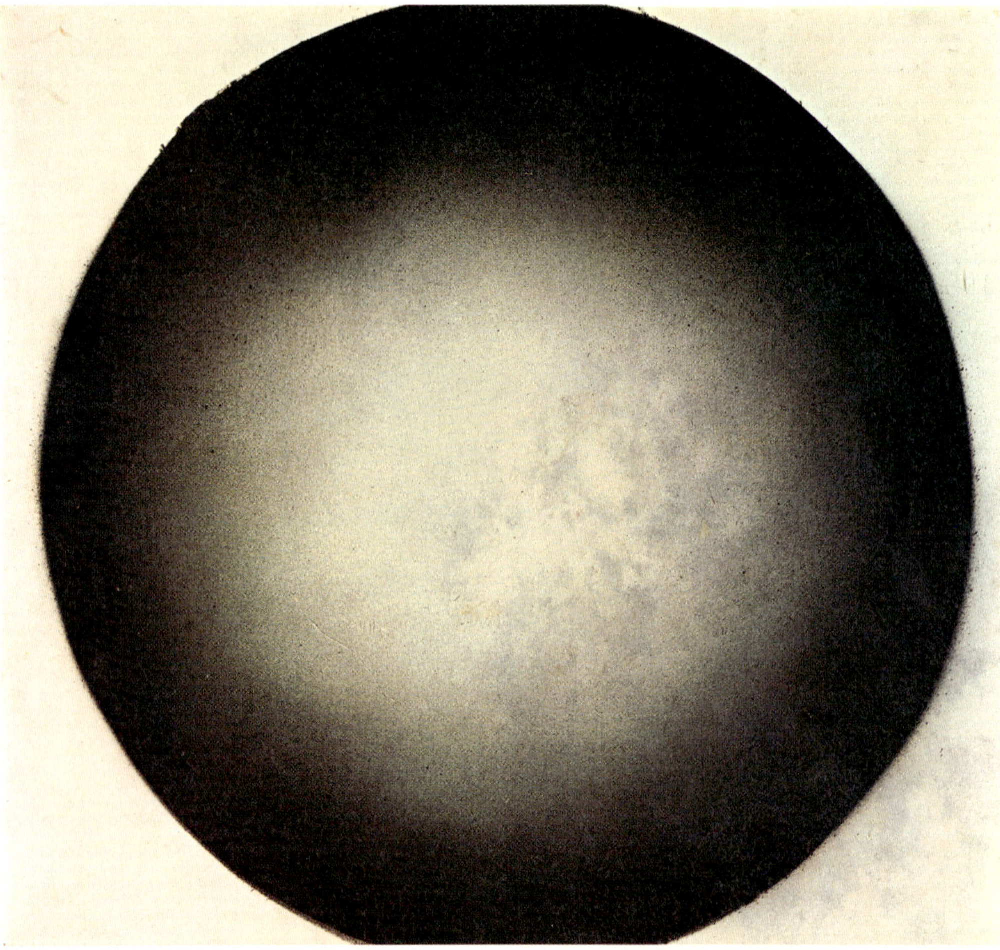

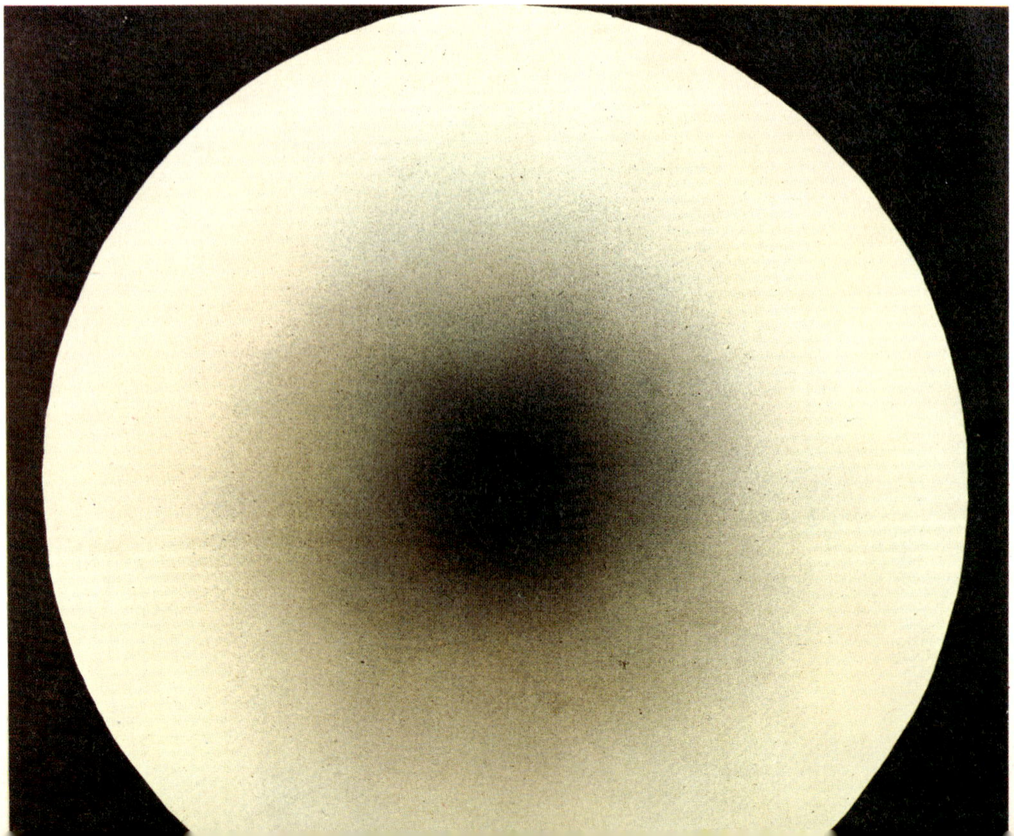

Die Übung im Umgang mit Tonwerten, die Sie in den vorhergehenden Kapiteln erworben haben, können Sie nun konkret anwenden.
Übung (F): Zeichnen Sie die unten rechts abgebildete Plastik von Hans Arp in beliebiger Schwarzweiß-Technik. Dabei kommt es vor allem auf das deutliche Hervortreten der plastischen Form im Spiel von Licht und Schatten an.

Ludwig Hirschfeld-Mack ›Übergang von Schwarz nach Weiß und von Weiß nach Schwarz‹, 1922/23

Hans Arp ›Menschliche Konkretion‹, 1933 (links), ›Gigantensaat‹, 1937 (unten)

Die Perspektive

Félix Vallotton ›Gasse in Marseille‹ – Sammlung Richard Buehler, Winterthur

Die perspektivische Darstellung ist unserem Auge so vertraut, daß niemand beim Betrachten des unteren Bildes auf die Idee käme, die Gasse sei tatsächlich keilförmig gebaut oder die Frau im Hintergrund sei nur halb so groß wie die im Vordergrund. Das Bild gibt ja nur unsere Seh-Erfahrung wieder, derzufolge Gegenstände mit wachsender Entfernung verkürzt erscheinen und parallele

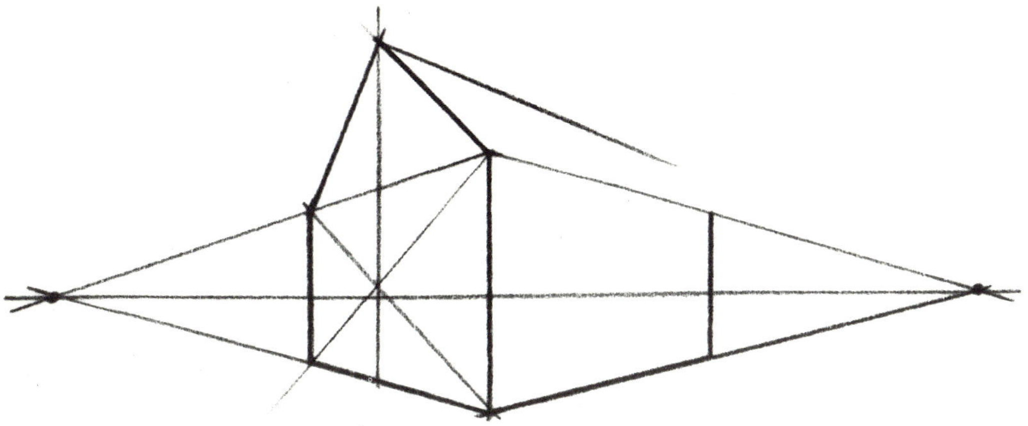

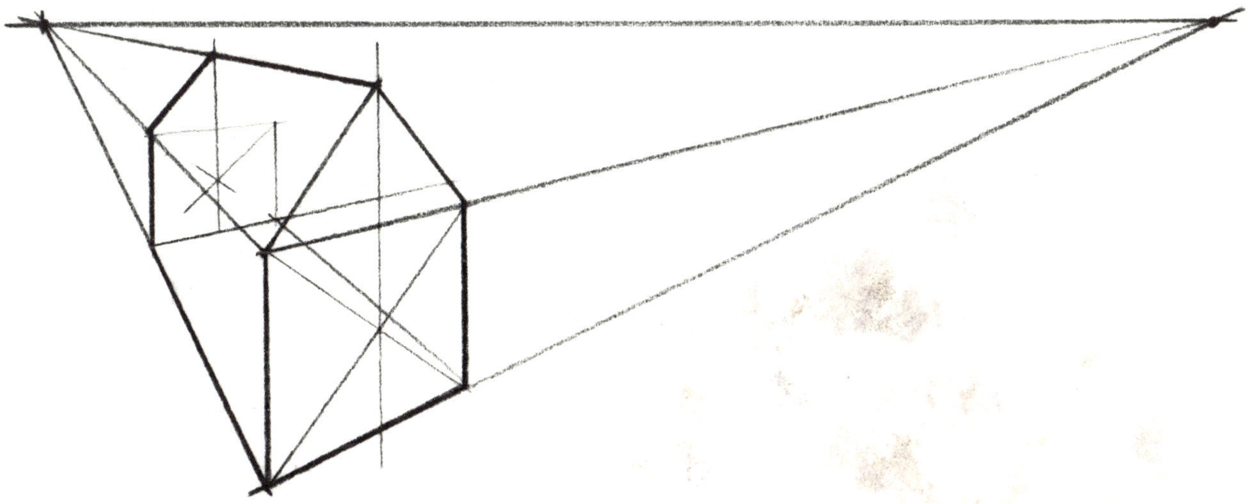

Linien (›Fluchtlinien‹) sich zur Tiefe hin im sogenannten ›Fluchtpunkt‹ vereinigen. Die Höhe, aus der der Zeichner das Motiv sieht, wird durch eine waagrechte Linie, die ›Horizontlinie‹, fixiert. Für die Darstellung eines Hauses sind zwei Fluchtpunkte nötig, die beide auf der Horizontlinie liegen. Bei der oberen Skizze handelt es sich um eine ›Frontalperspektive‹, während das Haus darunter aus der ›Vogelperspektive‹ skizziert ist.

Beim unteren Beispiel, das mehrere Gegenstände zeigt, sind entsprechend viele Fluchtpunkte auf der Horizontlinie erforderlich. In der Regel werden Sie in Ihren Kompositionen die Perspektive nicht mathematisch exakt, sondern eher gefühlsmäßig anwenden.

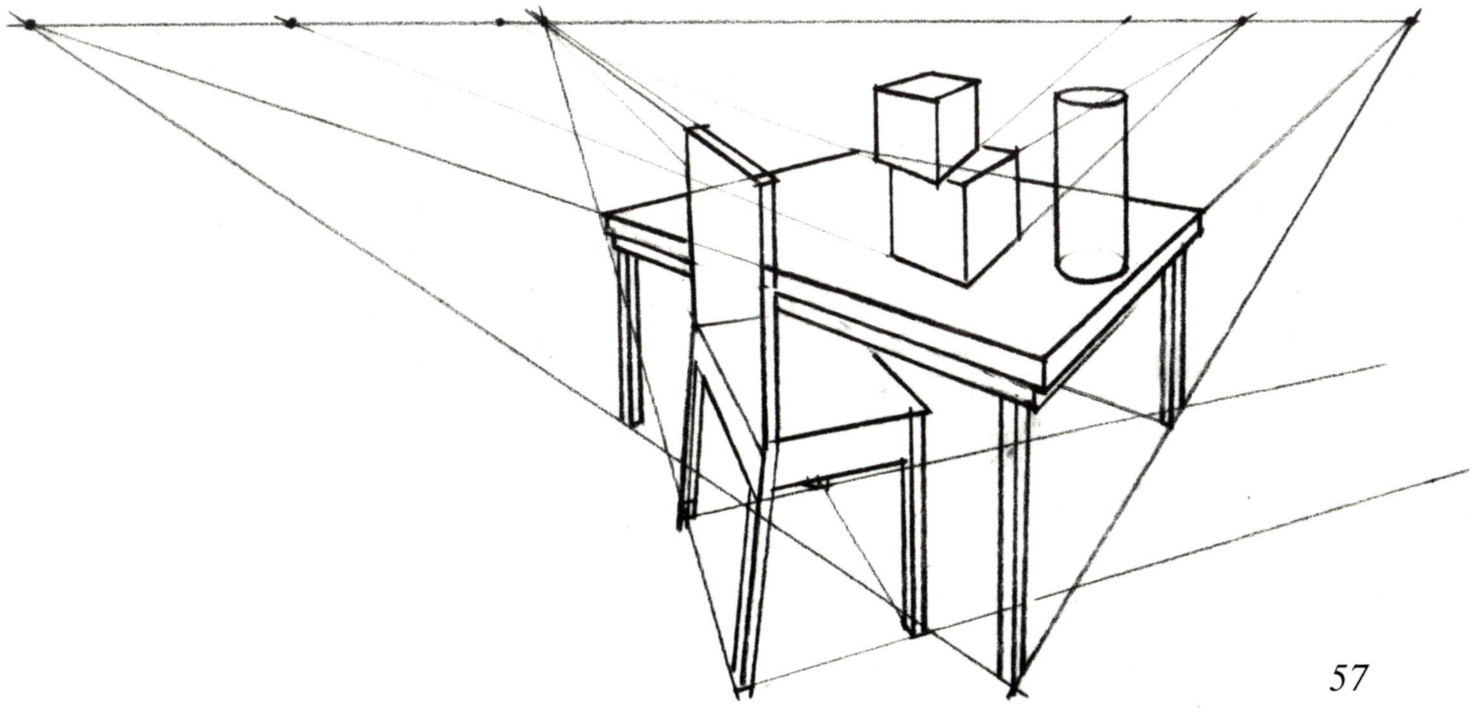

Holz- und Linolschnitt

In Europa ist die Technik des Holzschnitts seit dem 4. Jahrhundert bekannt. Auf Papier wurde allerdings erst im 14. Jahrhundert gedruckt. Die Holzschnitte dieser Zeit, sogenannte Einblattdrucke, waren in der Regel einfarbig und wurden oft nachträglich mit Wasserfarben koloriert. Ab der 2. Hälfte des 15. Jahrhunderts war der Holzschnitt die häufigste Form der Buchillustration. Meister wie Dürer, Cranach oder Altdorfer führten sie zu künstlerischer Höhe. Ab etwa 1700 begann die Blütezeit des Mehrfarbenholzschnitts in Japan, der im ausgehenden 19. Jahrhundert auf die europäische Kunst einwirkte. Die Maler des Fauvismus und des Expressionismus bevorzugten den Holzschnitt; der vom Material bestimmte Schnittduktus entsprach genau ihrem elementaren Ausdrucksbedürfnis.

Linke Seite: Olivia K. Lüdtke-Fischer ›Kurotani – Das schwarze Tal in Kioto‹, 1956, Linolschnitt

Oben: Kitagawa Utamaro ›Aukoi‹, Farbholzschnitt – Nationalmuseum Tokio

Hans Arp, Holzschnitt, 1917

Links oben: Paul Gauguin ›Der Raub der Europa‹ – The Art Institute Chicago

Links unten: Heinrich Campendonck ›Sitzender Harlekin‹, 1922 – Clemens-Sels-Museum, Neuß

Rechts oben: Raoul Dufy, Illustration zu Apollinaires ›Le Bestiaire ou Cortège d'Orphée‹, 1911

Rechts unten: August Macke, Linolschnitt, 1912

Unter den Künstlern der Gegenwart haben vor allem HAP Grieshaber und Shiko Munakata der Holzschneidekunst wieder Weltgeltung verschafft. Eine dem Holzschnitt in Schneide- und Drucktechnik entsprechende Variante ist der Linolschnitt, dem vor allem Pablo Picasso durch eine Reihe mehrfarbiger Drucke künstlerischen Rang verliehen hat.

Links: Karl Schmidt-Rottluff ›Fischerboote‹, 1913

Ernst Ludwig Kirchner ›Tannen‹, 1919 – Privatsammlung, Köln

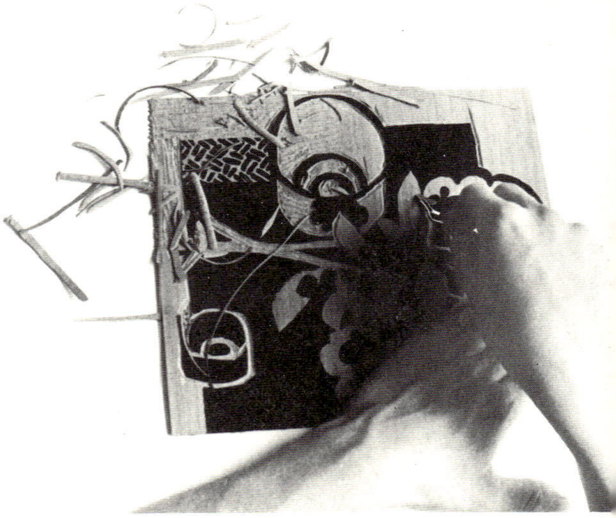

Die wichtigsten Phasen im technischen Ablauf eines einfarbigen Linolschnitts sind auf dieser Doppelseite in sechs Abbildungen festgehalten. Übung (9): Bevor Sie mit der Zeichnung beginnen, muß die Oberfläche des Linoleums mit feinem Putzsand abgewaschen werden, damit sie fettfrei wird. Anschließend malen oder zeichnen Sie das Motiv mit Tusche auf. Beachten Sie, daß Schriften spiegelverkehrt gezeichnet werden müssen, damit sie im Druck richtig erscheinen. Komplizierte Motive können Sie von einer Vorzeichnung mit Kohlepapier auf die Platte durchpausen. Handelt es sich um sehr dunkles Linoleum, streichen Sie die Platte dünn mit Deckweiß ein; die Pause ist dann gut sichtbar.

Zum Schneiden der Konturen und zum Ausheben der Flächen, die nicht drucken sollen, benutzen Sie Konturmesser, V-förmige Stichel und U-förmige Messer. Wenn Sie Blutvergießen vermeiden wollen, dürfen Sie niemals in Richtung der Hand, die die Platte hält, schneiden!

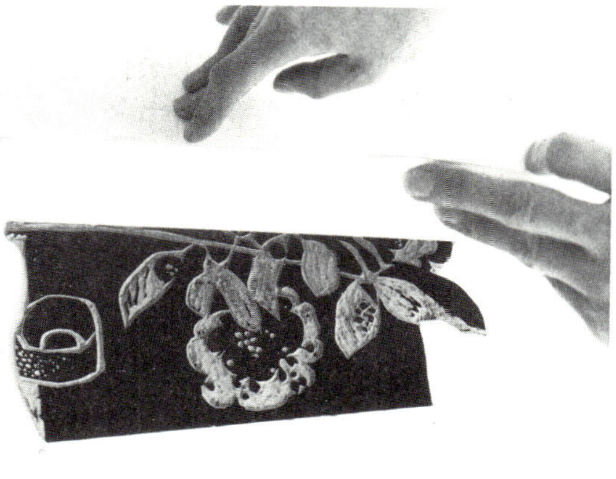

Wenn Sie mit dem Schneiden fertig sind, waschen Sie die Reste der Tuschevorzeichnung ab. Geben Sie etwas Öldruckfarbe aus der Büchse oder aus der Tube auf eine saubere Glas- oder Resopalplatte und verteilen Sie sie gleichmäßig mit einer Walze. Nehmen Sie zum Einfärben der Druckplatte nicht zu wenig Farbe, sonst wird der Druck grau, aber auch nicht zu viel, sonst entstehen unschöne Quetschränder.

Legen Sie ein saugfähiges und nicht zu dickes Druckpapier vorsichtig und ohne zu wackeln auf die eingefärbte Platte.

Der Druck kann auf verschiedene Weise erfolgen: Das Papier wird entweder mit einer sauberen Walze oder mit einem Suppenlöffel so fest angedrückt, daß es die Farbe gleichmäßig annimmt. Anschließend ziehen Sie den Bogen vorsichtig ab.

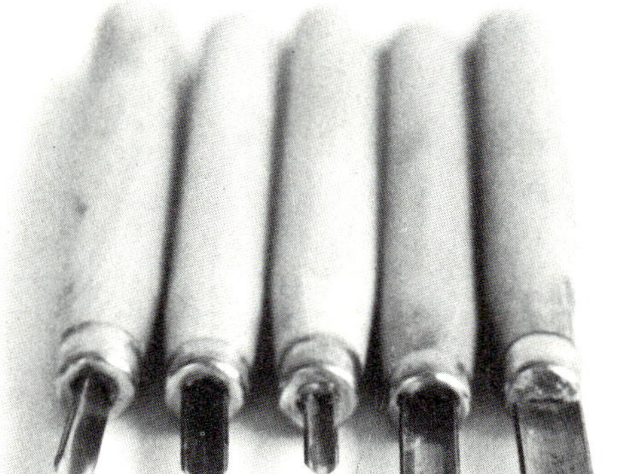

Von links nach rechts: 1. Messer zum Schneiden von Konturen. 2. V-förmiger Stichel zum Ausheben kleinster Flächen oder zum Schneiden von Konturen. 3.–5. U-förmige Messer zum Ausheben größerer Flächen.

Der mehrfarbige Holzschnitt

So schwierig, wie es Ihnen auf den ersten Blick erscheinen mag, ist der Farbholzschnitt gar nicht. Die nötigen handwerklichen Fertigkeiten können Sie allerdings nur im Laufe der Arbeit erwerben.
Übung (10): Die Grundlage Ihres Farbholzschnittes ist ein farbiger Entwurf. Beschränken Sie sich dabei vorerst auf vier Farben, die Sie jedoch auch in einfachen Mischungen anwenden können. Pausen Sie nun auf vier Transparentpapierbogen jeweils alle Flächen einer Farbe durch. Markieren Sie das Format auf jedem Bogen links und rechts oben durch Kreuze (Paßkreuze). Diese vier Farbauszüge werden auf vier Holz- oder Linolplatten gepaust und anschließend geschnitten. An der Stelle des linken Paßkreuzes lassen Sie einen Winkel, an der Stelle des rechten ein gerades Stück zum Anlegen des Druckpapiers erhaben stehen. Wie das gemeint ist, können Sie aus dem Diagramm ersehen. Sorgen Sie dafür, daß diese Anlegemarken immer an den gleichen Stellen stehen, damit beim Druck der vier Platten die Farben nicht verschoben aufs Papier kommen. Links oben sehen Sie die Abdrucke der vier Platten in den für den

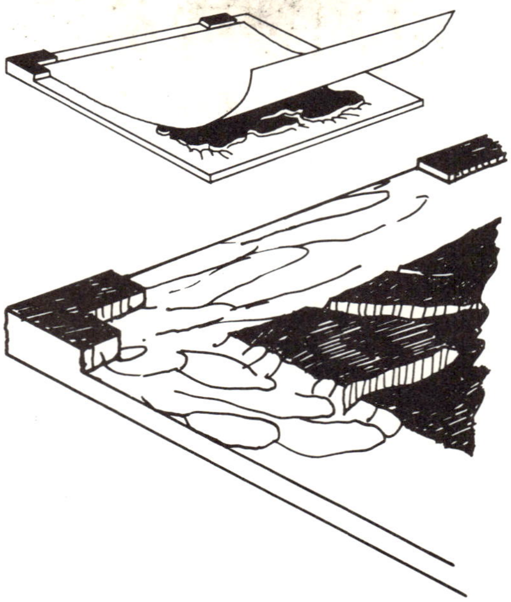

Zusammendruck vorgesehenen Einzelfarben. Die Reihenfolge der vier Druckgänge mit den jeweiligen Zwischenergebnissen geht aus der anschließenden Übersicht hervor. Beachten Sie, daß die dunkelste Farbe zuletzt gedruckt wird. Werden zwei Farben übereinandergedruckt, ergibt das eine dritte Farbe. Diese Möglichkeit können Sie beim Schneiden der Platten miteinplanen. Ihr Druck erhält dann zusätzliche Farbnuancen, was auch an dem vergrößerten Ausschnitt unseres Beispiels deutlich zu sehen ist.

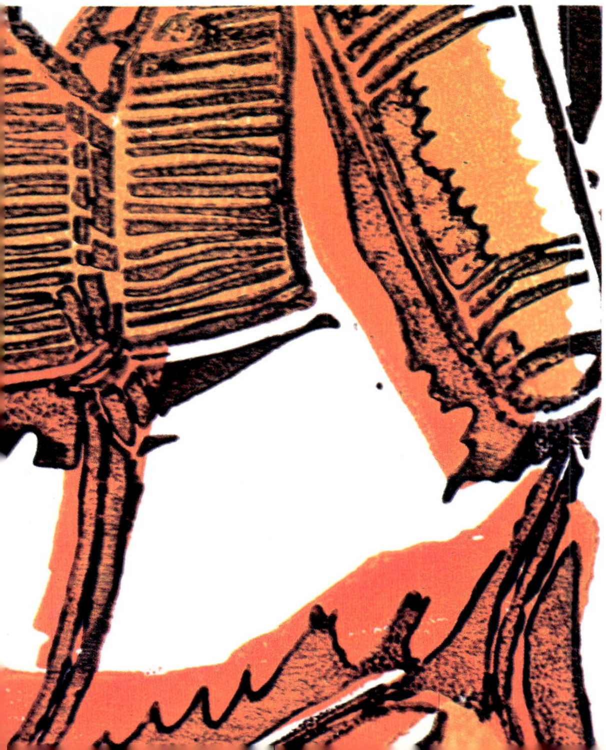

Monotypie

Monotypie bedeutet ›Einmal-Druck‹; es handelt sich also um eine Drucktechnik, bei der nur einmal abgedruckt werden kann.

Übung (11): Eine glatte Fläche, z. B. eine Glasscheibe oder eine Resopalplatte, wird dünn, aber gleichmäßig mit Öldruckfarbe eingewalzt. Ein Blatt Papier wird nun ohne Druck auf die eingefärbte Fläche gelegt. Auf die Rückseite zeichnen Sie mit Bleistift, ohne dabei die Hand auf das Papier zu stützen. Anschließend ziehen Sie das Blatt vorsichtig von der Platte ab. Die Bleistiftzeichnung erscheint seitenverkehrt durchgedrückt auf der eingefärbten Seite. Der Strich ist jetzt jedoch zart und weich verlaufend. Auch hat das ganze Blatt von der eingefärbten Platte eine leichte, mehr oder weniger gleichmäßige Struktur erhalten.

Eine Mehrfarben-Monotypie, bei der das Papier nacheinander auf mehrere verschieden eingefärbte Platten gelegt und bezeichnet wird, kann sehr reizvoll werden. Durch den feinen Ton, der auch bei nichtbezeichneten Bildpartien jeweils etwas mitdruckt, kommt eine schöne Farbharmonie zustande. Wenn Sie noch nicht so sicher sind, sollten Sie Ihr Motiv vor dem Auflegen mit Buntstiften skizzieren.

Frottage

Das Wort ist von französisch ›frotter‹, reiben, abgeleitet und bezeichnet die Technik des Durchschreibens von strukturierten Oberflächen auf Papier. Max Ernst hat sie in den zwanziger Jahren für die Kunst entdeckt. Das Verfahren ist sehr einfach. Auf die strukturierte Oberfläche wird ein dünnes Papier gelegt. Dann wird die Struktur mit einem sehr flach gehaltenen weichen Bleistift (B–4B) auf das Papier durchgerieben – in derselben Weise, wie es Kinder zuweilen mit Münzen machen. Durch stärkeren oder schwächeren Druck erhalten Sie verschiedene Tonwerte.
Übung (12): Sehen Sie sich in Ihrer Umgebung nach Materialien mit interessanten Oberflächenstrukturen um und reiben Sie diese auf einem Blatt zu einer abstrakten oder gegenständlichen Komposition ab.

1 Genarbter Kunststoff
2 Holzbrett mit grober Maserung
3 Steinplatte (geschliffen)
4 Korbgeflecht
5 Leder
6 Fußbodenbelag
7 Rauhe Seite einer Hartfaserplatte
8 Topfuntersetzer
9 Verputzte Zimmerwand
10 Sehr fein gemasertes Holz
11 Münzen
12 Holzbrett
13 Grobes Korbgeflecht
14 Keramikplatte

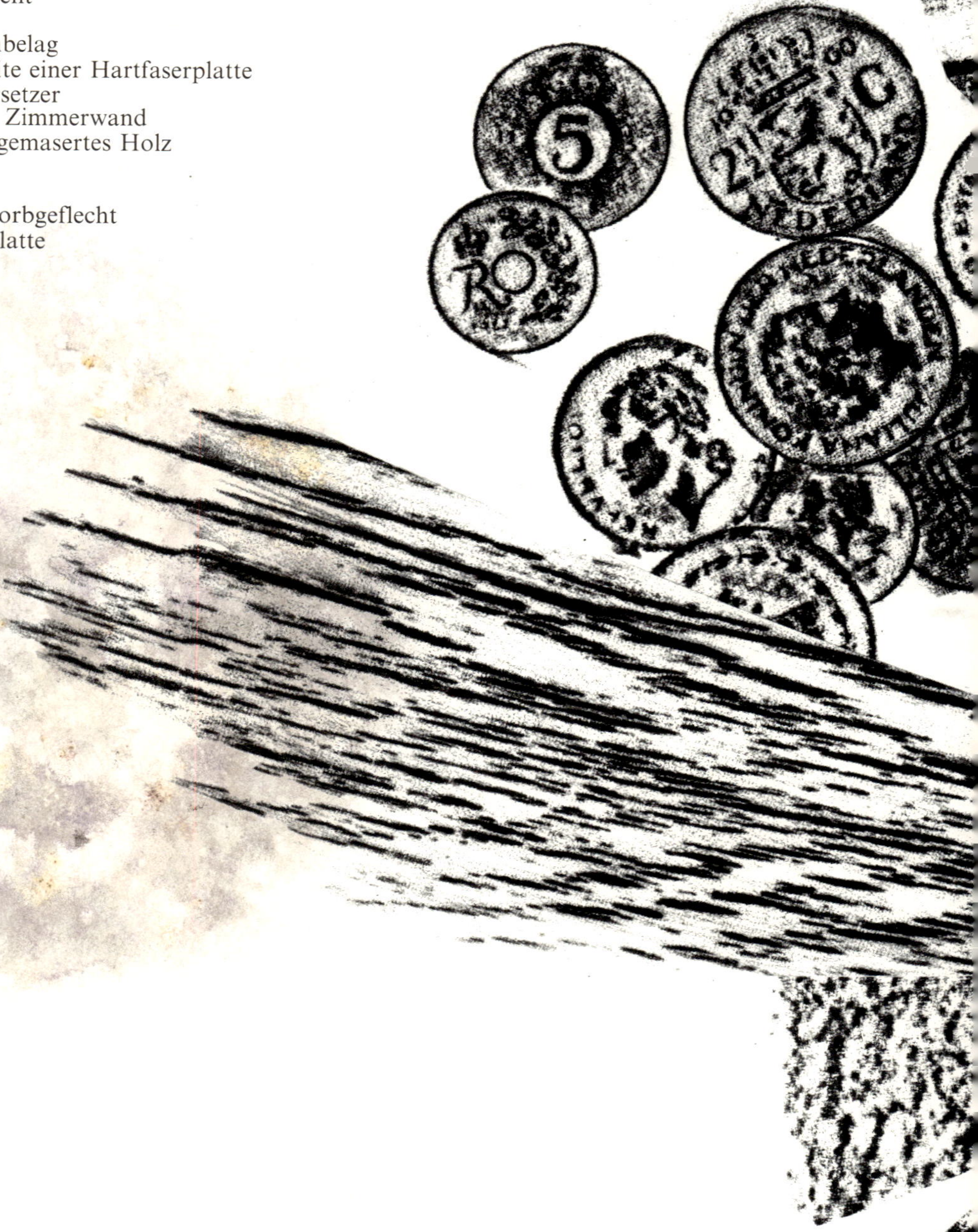

13
1
2
3
4
5
6
7
8
9
10
11
12

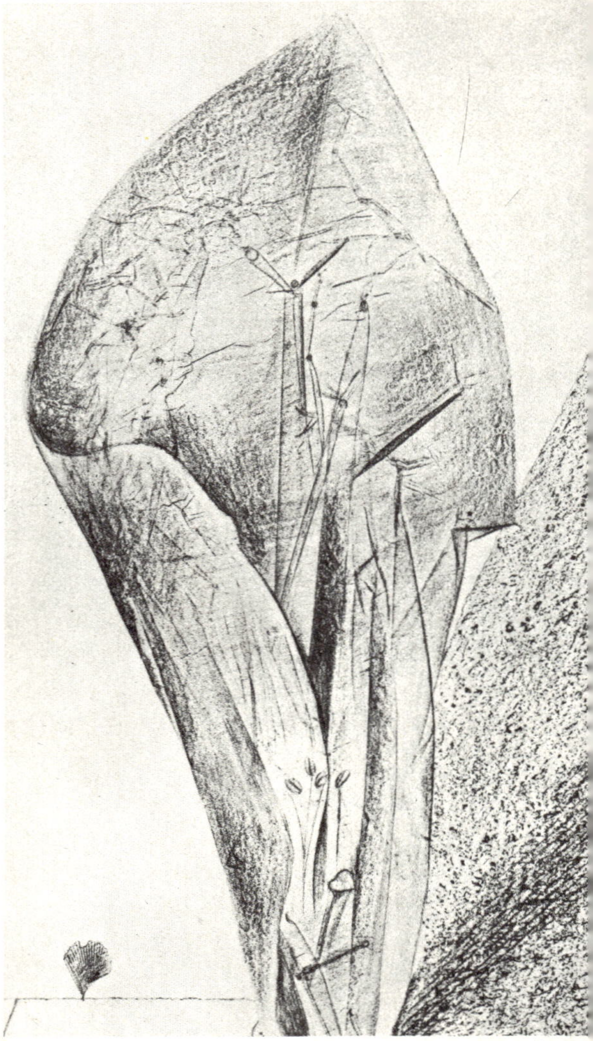

Bei den 1921 entstandenen Frottagen (links oben und links unten) hat Max Ernst Schablonen der Figuren aus Karton ausgeschnitten und dann durchgerieben. Aus der ›Histoire Naturelle‹ (1925) von Max Ernst stammen die beiden anderen, mit gezeichneten Linien kombinierten Frottagen.
Rechte Seite von links nach rechts: Steinabreibung aus einem thailändischen Tempel – Chinesische Steinabreibung

Eine besonders in Indien, China und Japan geübte Art der Frottage ist die Steinabreibung. Dabei wird angefeuchtetes Japanpapier auf ein Steinrelief gedrückt. Die herausragenden Stellen werden sodann behutsam mit einem tuschegetränkten Wattebausch eingerieben. Auf diese Weise ist es möglich, von einem Relief eine bis in alle Einzelheiten genaue Graphik abzunehmen. Frottage und Steinabreibung sind nicht nur auf Schwarzweiß-Wirkung beschränkt. Auch mit Öl- oder Pastellkreiden, Buntstiften oder farbigen Tuschen sind reizvolle Ergebnisse zu erzielen.

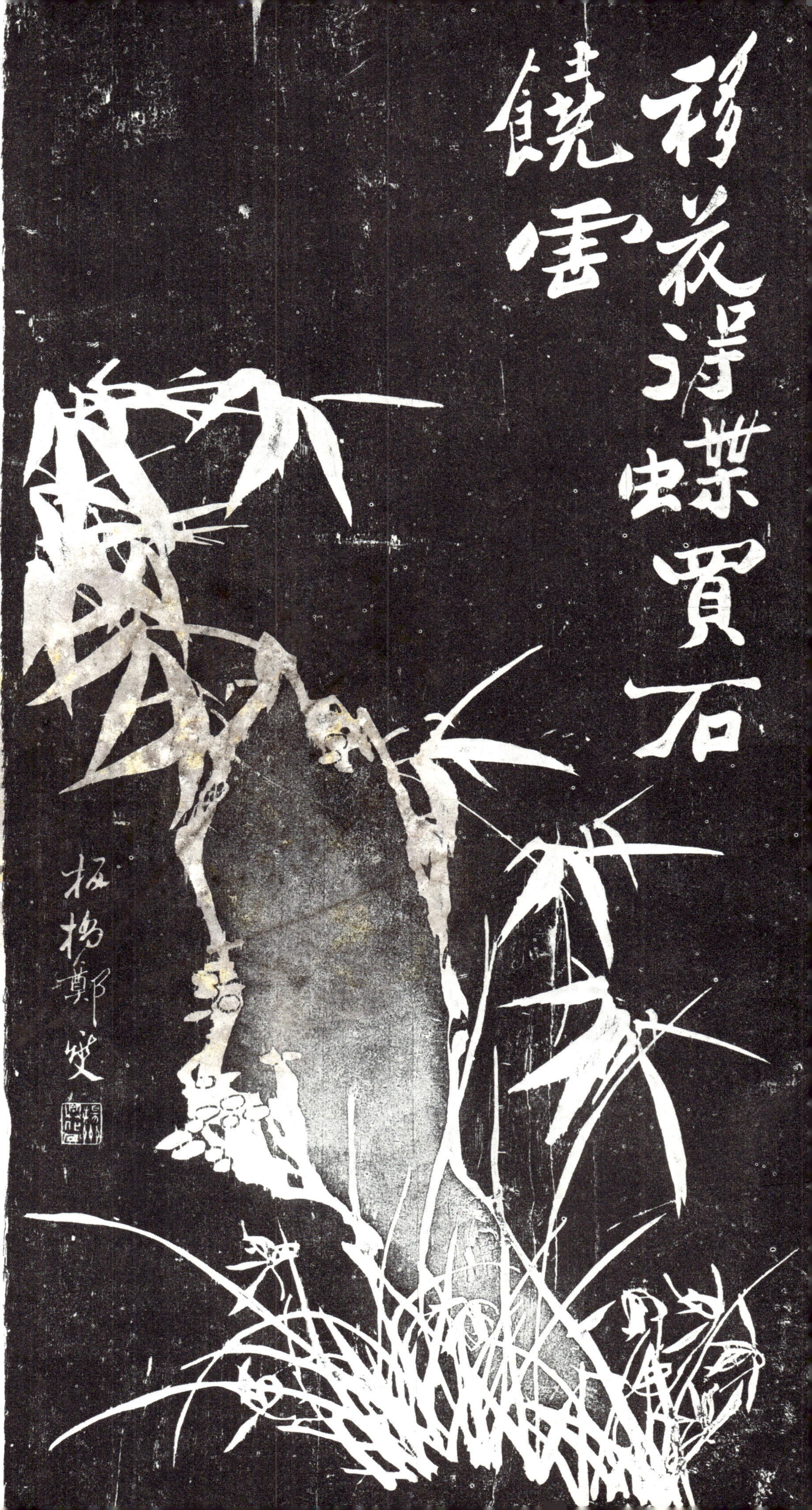

Die Techniken der Malerei

Die Malerei bietet wohl den größten Spielraum an Ausdrucksmöglichkeiten. Die reiche Palette der Farben ist nicht nur den großen Meistern vorbehalten. Jeder kann verhältnismäßig rasch die ›Geheimnisse‹ der Malerei entdecken. Als Vorgeschmack auf die kommenden Kapitel zur Einführung ein Stilleben, das die vier wichtigsten Techniken der Malerei veranschaulicht.

Aquarell

Die duftigste und lebhafteste Maltechnik. Auf feuchtem Papier entfalten die Farben unmittelbar nach dem Auftragen durch Verschmelzen zu zarter Transparenz fast ein Eigenleben.

Ölfarbe

Seit dem 17. Jahrhundert die verbreitetste Technik. Im Ölbild sind bis zum Schluß Korrekturen möglich; daher kann auch ein Anfänger schon gute Ergebnisse erzielen.

Gouache

Wie im Aquarell mit Wasser vermalbar, wird die Gouachefarbe jedoch deckend aufgetragen. Gouachefarben trocknen matt auf, der Tonwert wird dabei etwas heller.

Acrylfarbe

Eine wasserlösliche Kunststoffarbe, die sowohl aquarellartig lasierend als auch deckend aufgetragen werden kann.

Das Aquarell

Ein Blick auf diese Doppelseite zeigt Ihnen ein reiches Spektrum von Anwendungsmöglichkeiten im Aquarell. Wasserfarben dienten schon im Alten Ägypten zur Bemalung der Grabkammern; im 15. Jahrhundert wurden sie zum Kolorieren von Holzschnitten verwendet. Aber erst Albrecht Dürer malte mit Wasserfarben ausschließlich lasierend und erreichte jene Farbtransparenz, die die Aquarelltechnik bis heute bestimmt. Merkwürdigerweise fand Dürer keine unmittelbaren Nachfolger; erst im 17. Jahrhundert wandten sich holländische Maler wieder dem Aquarell zu. Meisterwerke schufen im 19. Jahrhundert die Engländer Turner und Constable, später dann die Impressionisten und Expressionisten. Namen wie Cézanne, Signac, Macke, Nolde, Klee, Nay und Wols sind mit dem Aquarell eng verbunden.

August Macke ›Dame mit gelber Jacke‹, 1913 – Kunstsammlung Ulm

Links: Paul Klee ›Schwankendes Gleichgewicht‹, 1922 – Kunstmuseum Bern. – Oben: Wols ›Komposition‹, 1949 – Privatsammlung, Mailand. – Peter de Wint ›Ernte‹ – City Gallery, Manchester

Das Material

Für Ihre Übungen mit Aquarellfarben benötigen Sie einen Aquarellblock oder mehrere Bogen gutes Aquarellpapier. Farben werden im Handel in Form von Aquarellmalkästen mit Farbnäpfchen oder in Tubenform als Künstleraquarellfarben angeboten. Zwei bis drei gute Aquarellpinsel in den Größen zwischen 5 und 15 genügen für den Anfang. Zum Vorzeichnen des Motivs nehmen Sie am besten einen Bleistift des Härtegrades B. Für Korrekturen benötigen Sie einen weichen Radier- oder Knetgummi, der das empfindliche Papier nicht aufrauht. Ein kleiner, weicher Natur-

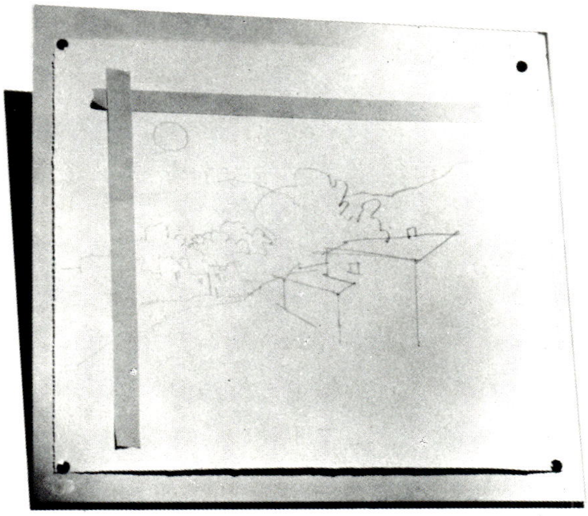

schwamm eignet sich am besten zum Benetzen des Papiers mit Wasser. Halten Sie beim Malen ständig einen saugfähigen Lappen oder Papiertaschentücher bereit, um überflüssiges Wasser oder zuviel aufgetragene Farbe vom Papier abzusaugen. Tesakrepp zum Abkleben der Bildränder und Reißzwecken zum Befestigen des Aquarellpapiers auf einer Unterlage sollten bei Ihrem Material nicht fehlen.

Hilfreiche Tips

Handgeschöpftes Büttenpapier, am Wasserzeichen oder an den ausgefransten Rändern erkennbar, ist das ideale Aquarellpapier. Für den Anfang genügt allerdings ein Aquarellblock in guter Qualität. Während des Malens liegt das Papier auf einer waagrechten Unterlage, beim Arbeiten im Freien flach auf den Oberschenkeln. Begrenzen Sie das Bildformat durch vier Streifen Tesakrepp; auch Flächen im Bild, die weiß bleiben sollen, können Sie damit abdecken. Lösen Sie das Band aber erst, wenn die Farbe vollkommen trocken ist. Da Sie beim Aquarellieren mit viel Wasser arbeiten, läßt sich ein Wellen des

Papiers nicht vermeiden. Spannen Sie es daher mit Reißzwecken oder Tesakrepp auf ein Brett. Vermeiden Sie Fingerabdrücke auf dem Papier. Die Farbe kann nämlich an diesen Stellen leicht abperlen. Pinsel guter Qualität tragen die Bezeichnung ›Marderhaar‹. Preiswerter sind Fehhaarpinsel, die am Anfang durchaus genügen. Achten Sie beim Kauf darauf, daß die Pinsel eine gute, keilförmig zulaufende Spitze aufweisen. Nach Gebrauch sollten Sie die Pinsel immer sofort auswaschen und mit der Pinselspitze nach oben in einen Behälter stellen. Bei der Anschaffung von Farben können Sie zwischen Farbnäpfchen und Tubenfarben wählen. Ökonomischer sind Näpfchen, leichter zu verarbeiten – vor allem für größere Formate – ist Tubenfarbe.
Die Palette sollte in jedem Fall weißgrundig sein. Nur dann können Sie den beim Mischen entstandenen Farbwert richtig beurteilen. Eine weiße Metallplatte mit Vertiefungen, ein Porzellanteller oder eine Resopalplatte kann Ihnen als Palette dienen. Achten Sie jedoch darauf, daß sie nicht zu klein ist.

Aquarelltechniken

Wenn Sie diese Technik noch nicht beherrschen, werden Sie sehr vorsichtig – und immer darauf bedacht, nichts verkehrt zu machen – an die Arbeit gehen.
Doch die Aquarellmalerei hat ihre eigenen Gesetze. Ihre Angst davor, über aufgezeichnete Konturen hinauszumalen, Ihre Furcht, Farben könnten ineinanderlaufen oder Farbspritzer würden die ›saubere‹ Wirkung Ihres Bildes beeinträchtigen, sollten Sie vergessen. All diese sogenannten ›Fehler‹ müssen Sie einfach begehen, um sie später einmal im Bild als Technik bewußt und gekonnt anzuwenden.

Oft können weiße Flächen sehr hart und störend wirken. Die drei Beispiele zeigen, wie man das vermeiden kann. Die kontrastreiche Wirkung des ersten Beispiels wurde durch Übermalen mit Wasser (2. Beispiel) abgeschwächt. Das 3. Beispiel zeigt, wie die hellen Flächen durch weiche Übergänge mit dem dunkleren Hintergrund harmonieren.

Mittlere Spalte: Bei der Naß-in-Naß-Technik legen Sie mit klarem oder leicht getöntem Wasser eine Fläche an (1. Beispiel). Wenn nun in diese nasse Fläche Farbe tropft (2. Beispiel), können Sie beobachten, wie der Farbfleck allmählich ausläuft (3. Beispiel). Mehrere Farbtropfen auf dieser nassen Fläche verdrängen sich gegenseitig, so daß zwischen den einzelnen Flecken helle Ränder stehenbleiben.

Rechts oben: Bei diesem Beispiel wurde mit roter Farbe über die gelbe Farbe gemalt und anschließend noch ein grüner Ton aufgetragen. Um diese lasierende, transparente Wirkung zu erreichen, sollten die Farbtöne, die übermalt werden, völlig trocken sein.

Bei der Auswaschtechnik wird auf eine trockene Farbfläche mit nassem Pinsel gemalt. Lassen Sie das aufgetragene Wasser kurz auf die Farbfläche einwirken, bevor Sie es mit einem Papiertaschentuch vorsichtig aufsaugen.

Die Trockenpinseltechnik wird in der Aquarellmalerei hauptsächlich für Vordergrundstrukturen verwendet. Ist der Grund farbig, müssen Sie darauf achten, daß sich die feinen Striche gut abheben.

Beim letzten Beispiel wurde mit der Kante einer Geldmünze in eine noch nasse Farbfläche gekratzt. Die entstandenen Linien oder Streifen in hellem Tonwert können je nach Motiv Zäune, Äste oder Baumstämme darstellen.

Übung (13): Probieren Sie nun selbst auf einem Bogen Aquarellpapier die sechs gezeigten Techniken in beliebiger Reihenfolge und Farbwahl aus. Denken Sie dabei weder an ein bestimmtes Motiv noch an ›schöne‹ Wirkung. Experimentieren Sie vielmehr munter drauflos!

Übung (14): Tragen Sie stark mit Wasser verdünnte Aquarellfarbe auf glattes Papier auf. Legen Sie sofort ein anderes Papier darauf, das Sie kurz andrücken und schnell nach oben abheben. Sie werden staunen, was für phantastische Formen und Strukturen bei dieser Abklatschtechnik herauskommen! Mit wenigen konkreten Pinselstrichen können Sie diese abstrakten Gebilde in heitere, unheimliche oder bizarre Traumlandschaften verwandeln.

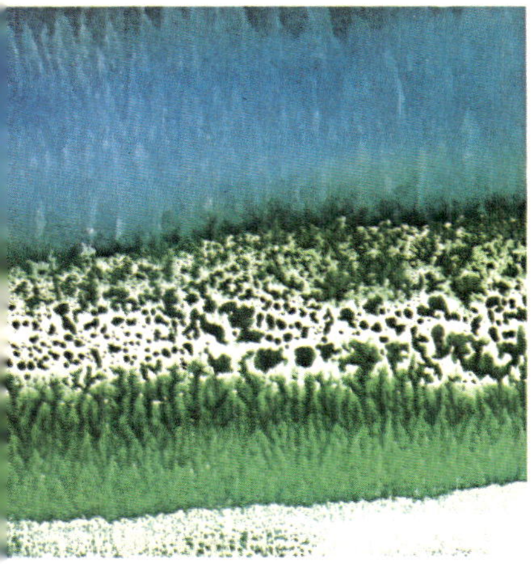

Ein Landschaftsaquarell

Übung (15):
Hier können Sie in sechs Entstehungsphasen den Aufbau eines Landschaftsaquarells verfolgen. Wenn Sie diese Schritte nachvollziehen, empfiehlt es sich, am Anfang gleichzeitig mit mehreren Blättern zu beginnen. Dann kann ruhig mal das eine oder andere danebengehen. Außerdem haben Sie mehr Möglichkeiten zum Experimentieren. Bei nur einem Blatt wäre die Versuchung zu groß, auf ›Nummer Sicher‹ zu gehen. Halten Sie die Bleistift-Vorzeichnung möglichst einfach. Verzichten Sie auf Details, damit Ihre Spontaneität beim Malen nicht zu stark eingeengt wird. Die Linien sollen nur so stark sein, daß sie bei transparentem Übermalen gerade noch zu erkennen sind. In der Regel sollten Sie im Aquarell von Hell nach Dunkel arbeiten. Beginnen Sie also mit der hellsten Partie, dem Himmel. Wenden Sie dazu die Naß-in-Naß-Technik an. In die getrocknete Fläche setzen Sie dann anschließend in einem etwas dunkleren Ton die Berge.

Die Bäume im Mittelgrund können farblich schon etwas intensiver wirken. Wenn Sie zuerst die Baumreihe malen, sparen Sie am besten gleich die Konturen der Hausdächer aus. Gehen Sie aber noch nicht zu sehr ins Detail.

Setzen Sie die Häuser großzügig in einfachen Formen ins Bild. Malen Sie ruhig auch etwas in die Bäume hinein; die dabei ineinanderfließende Farbe verbindet Bäume und Häuser.

Im Vordergrund sollten Sie nun Ihre stärksten und intensivsten Farben einsetzen. Wenn Sie farblich zurückhaltender sein wollen, sollte die fehlende Farbintensität durch stärkere Hell-Dunkel-Kontraste ersetzt werden.

Nachdem Ihr Bild sozusagen im Rohbau fertig ist, können Sie darangehen, letzte Akzente zu setzen: Fenster, Figuren, kleine Farbtupfer in langweilig wirkende Flächen. Zu dunkle, störende Stellen können Sie mit einem feuchten Pinsel ohne Farbe auswaschen, zu blaß geratene Flächen mit einem leuchtenderen Ton verstärken. Aber denken Sie immer daran, daß Aquarellmalen die Kunst des ›Rechtzeitig-Aufhörens‹ ist.

Ein Motiv – Fünf Möglichkeiten

1

2

Die Vorlage für alle Aquarelle auf dieser Doppelseite ist das photographierte Stilleben (Bild 1). In der üblichen Aquarelltechnik – Naß-in-Naß und Naß-über-Trocken – wurde Bild 2 ausgeführt. Ebenso war Bild 3 angelegt, ehe es in nur stellenweise trockenem Zustand kurz unter fließendes Wasser gehalten wurde. Dabei blieb nur die schon getrocknete Farbe weitgehend haften, während die noch nassen Stellen fast ganz weggespült wurden. Sehen Sie selbst, welch reizvolle Wirkung dieses Bild dem Zufall verdankt.

3

4

5

Bilder 4 und 5 beruhen auf einer Variation der Abklatschtechnik von Seite 81. Die Flaschenformen werden aus Papier ausgeschnitten, mit der jeweils vorgesehenen Farbe sehr naß eingestrichen und unmittelbar darauf auf einen Bogen nebeneinander abgedrückt (Bild 4). Die abgezogenen Formen zeigt Bild 5. Dieser Vorgang kann auch mehrere Male wiederholt werden.

6

Besprüht man die sehr naß aufgetragenen Farben sofort mit viel Fixativ, wird die Farbe stellenweise verdrängt und perlt. Abschließend können mit Deckweiß, das auf der fixierten Fläche ebenfalls perlt, zusätzliche Akzente gesetzt werden (Bild 6). Verlaufende Farben innerhalb der Flaschenformen und eine leicht getönte Umgebung zeigt Bild 7.

Übung (16): Probieren Sie die Techniken, die Ihnen besonders gut gefallen, an einem beliebigen Motiv aus.

7

Das Ölbild

Um die Mitte des 15. Jahrhunderts begann die Ölmalerei die bis dahin übliche Temperamalerei abzulösen. Schon hundert Jahre später war die Temperamalerei weitgehend verdrängt. Im Unterschied zur

Tonmalerei: Odilon Redon ›Das Schweigen‹, 1911 – Museum of Modern Art, New York

Primamalerei: André Marchand ›Flasche und Frucht‹, 1949 – Musée National d'Art Moderne, Paris

Spachteltechnik: Nicolas de Staël ›Blumen‹, 1952 – Sammlung Jacques Dubourg, Paris

Malerei aus farbigem Kontrast: Ausschnitt aus einem Stilleben (1959) von Renato Guttuso – Sammlung MacRoberts, London

Temperatechnik, bei der die Farben hauptsächlich mit Eigelb oder Kasein gebunden werden, verwendet man bei Ölfarben Lein- oder Nußöl sowie verschiedene Weichharze als Bindemittel. Im Laufe der Zeit haben sich in der Ölmalerei vier unterschiedliche Malweisen herausgebildet: die Tonmalerei, die Malerei aus farbigem Kontrast, die Primamalerei und die Spachteltechnik.

Das Material

Die wichtigsten Utensilien für die Ölmalerei erhalten Sie in Fachgeschäften, aber auch in größeren Warenhäusern. Grundierte Malpappen und Keilrahmen mit aufgespannter Leinwand gibt es in vielen Größen. Sie können sich aber auch Hartfaserplatten beim Schreiner besorgen und selbst grundieren. Komplette Malkästen, die im Handel angeboten werden, enthalten Farben, Palette, Pinsel in verschiedenen Größen, Spachtel, Malmittel und Terpentinöl. Außerdem benötigen Sie Terpentinersatz zum Reinigen von Pinsel, Spachtel und Palette, Grundierfarbe, einen Mallappen und Schlußfirnis. Die Auswahl an Farben wird Ihnen meist durch das fertige Sortiment im Malkasten abgenommen. Wenn Sie die Farben jedoch einzeln kaufen wollen, empfiehlt sich für den Anfang folgende Zusammenstellung: Titanweiß, Kadmiumgelb hellst, Lichter Ocker, Kadmiumrot hell, Krapplack dunkel, Siena gebrannt, Pariserblau, Elfenbeinschwarz. Die Farbskala kann selbstverständlich je nach Bedarf beliebig erweitert werden.

Hilfreiche Tips

Wenn Sie handwerklich etwas geschickt sind, können Sie Ihre Leinwand selbst aufspannen. Achten Sie beim Zusammenfügen der Rahmenleisten darauf, daß der Keilrahmen rechtwinklig wird. Die Leinwand, auf die Sie den Rahmen fadengerade legen, muß den Rahmen an jeder Seite um etwa 3 cm überragen. Befestigen Sie zuerst an einer Rahmenseite die Leinwand mit kurzen Nägeln. Spannen Sie die Leinwand und befestigen Sie sie auf der gegenüberliegenden Seite. Mit den beiden anderen Seiten verfahren Sie ebenso. Gleichmäßiges Spannen in beide Richtungen ist sehr wichtig, um Faltenwurf zu verhindern. Mit kleinen, in die Ecken eingeschlagenen Holzkeilen können Sie, falls später Falten auftreten, die Leinwand nachspannen. Sollte ein fertiges Ölbild durch Stoß oder falsche Lagerung Beulen bekommen haben, ist das leicht zu beheben. Sie brauchen die ausgebeulte Stelle nur von der Rückseite her mit einem Schwamm oder einem breiten Pinsel anzufeuchten. Das Leinengewebe zieht sich beim Trocknen zusammen, und die Beule verschwindet. Jeder Malgrund, sei es Leinwand oder Hartfaserplatte, muß vor dem Bemalen grundiert werden. Tragen Sie die Grundierfarbe mit einem breiten Borstenpinsel dünn auf. Nach jeweiligem Trocknen erfolgen zweiter und dritter Anstrich kreuzweise, um alle Poren der Leinwand zu schließen. Bevor Sie zu malen beginnen, stellen Sie die Palette zusammen, d. h., Sie wählen die Farben, die Sie verwenden wollen, aus und drücken sie aus der Tube auf die Palette. Warme Farben ordnen Sie auf der einen, kalte Farben auf der anderen Seite an und fügen jeder Reihe noch eine Portion Weiß zum Mischen hinzu. Malmittel dient zum Verdünnen der Farbe; füllen Sie es in den praktischen Palettstecker. Sollen die Farben rascher trocknen, mischen Sie dem Malmittel etwas Sikkativ bei. Auf das völlig durchgetrocknete Bild wird Schlußfirnis, matt oder glänzend erhältlich, aufgetragen.

Experimente

Je mehr praktische Erfahrungen Sie in maltechnischen Möglichkeiten sammeln, desto besser können Sie Ihre Ideen bildlich umsetzen.

Übung (17): Stellen Sie aus diesen sechs Strukturen eine beliebige Komposition zusammen. Arbeiten Sie spontan und unbefangen. Sollte dennoch ein abstraktes Meisterwerk entstehen – um so besser!

Die kleinen farbigen Punkte erscheinen in einiger Entfernung als zusammenhängende Fläche: Gelbe und blaue Punkte werden zu Grün, rote und blaue zu Violett. Die Nachimpressionisten Seurat und Signac brachten es in dieser Technik zu großer Meisterschaft.

Vielleicht glaubten Sie bislang, daß Bilder nur mit dem Pinsel gemalt werden. Ölfarben lassen sich jedoch auch mit der Spachtel auftragen. Der pastose (dicke) Auftrag und die dabei entstehenden Kanten und Grate verleihen dieser Technik ihren besonderen Reiz.

Spontan und locker hingesetzte Pinselstriche geben dem Bild die unverwechselbare ›Handschrift‹.

Kinder malen gern mit ihren Fingern. Legen Sie Ihre Hemmungen ab und probieren Sie es auch einmal aus! Sie werden staunen, was für reizvolle Strukturen dabei entstehen können!

Je mehr Malmittel (Verdünner) Sie der Farbe beimischen, desto lasierender wird sie. Interessante Effekte ergeben sich, wenn die Lasur auf eine helle, pastos strukturierte Farbschicht aufgetragen wird.

Beim genauen Betrachten erkennen Sie, daß die Linien in die farbigen Flächen gekratzt wurden. Die Farbe muß dabei natürlich noch feucht sein.

Vier Ölmaltechniken:

Übung (18):
In der Ölmalerei gibt es verschiedene Wege, um ans Ziel zu kommen. Die vier gebräuchlichsten Methoden sollen Ihnen nun vorgestellt werden. Am besten, Sie probieren alle einmal aus. Welche Ihnen am meisten liegt, werden Sie dann schnell herausfinden. Bei der Ton- und Kontrastmalerei sollten Sie sich an die fünf Phasen halten, die die Entwicklung des Bildes zeigen.

1. Bei der Tonmalerei beginnen Sie den Bildaufbau mit einem einheitlichen, lasierend auf die Grundierung aufgetragenen Ton. Wählen Sie nach der gewünschten Bildstimmung einen Grundton, der von einem kalten, hellen Blau bis hin zu einem warmen Braunton reichen kann.

2. Werden Sie beim zweiten Schritt noch nicht konkret. Der einheitliche Grundton soll auch hier noch durch die lasierend, aber doch schon bestimmter aufgetragenen Farbflächen durchscheinen. Auf diese Weise erreichen Sie eine gute Farbharmonie.
3. Jetzt malen Sie mit halbdeckenden Tönen (also nicht zu lasierend, aber auch nicht zu deckend) weiter. Durch feinste Abstufungen Ihrer Farbwerte können Sie das Bild

1. Tonmalerei

im mittlerweile erreichten Stadium noch bereichern.
4. Wenn Ihnen Ihr Bild nun an Farbabstufungen reich genug erscheint, können Sie durch Einsetzen von Hell-Dunkel-Kontrasten die Bildwirkung noch verstärken. Arbeiten Sie nun deckend, setzen Sie frische und leuchtende Farben.
5. Zum Schluß sollten Sie die gesamte Bildwirkung prüfen. Vielleicht stört irgendwo eine zu kräftige Farbe, die stumpf übermalt werden muß, oder es gilt, die Wirkung von zu schwachen Tönen in wichtigen Bildpartien durch intensive Farben zu steigern.

Die abgebildeten Gemälde von Caspar David Friedrich und William Turner sind besonders typische Beispiele der Tonmalerei: Ein einheitlicher Grundton scheint durch alle später aufgetragenen Farbtöne durch.

Joseph Mallord William Turner »Der Tod auf einem fahlen Pferd«, 1830 – Tate Gallery, London

Links: Caspar David Friedrich »Abtei im Eichenwalde«, 1809 – Berlin-Charlottenburg

2. Kontrastmalerei

1. In der Malerei aus farbigem Kontrast gehen Sie von stark farbigen Flächen aus, die Sie im Laufe des Malvorgangs verfeinern. Bei diesem Beispiel beginnen Sie mit den Elementen Himmel, Wasser und Erde, die Sie mit einem breiten Pinsel anlegen.
2. Lockern Sie die groben Flächen auf, etwa durch das Einsetzen einer Wolke oder durch die farbliche Trennung eines Hügels im Vordergrund von einem Berg im Hintergrund.
3. Nun können Sie darangehen, zu intensive Farbpartien

durch gemischte, also stumpfere Farben abzuschwächen. Das bewirkt, daß intensive Farbflächen durch die stumpfer gewordene Umgebung noch stärker leuchten.
4. Jetzt bringen Sie Einzelheiten ins Bild. Wählen Sie passende Formen und Strukturen, und kontrollieren Sie ständig die Farbwirkung.

5. Zum Schluß sollten Sie sich Ihr Bild noch einmal auf die Gesamtwirkung hin ansehen und letzte Änderungen ausführen. Falsch eingesetzte Farben nehmen Sie am besten mit der Spachtel heraus.

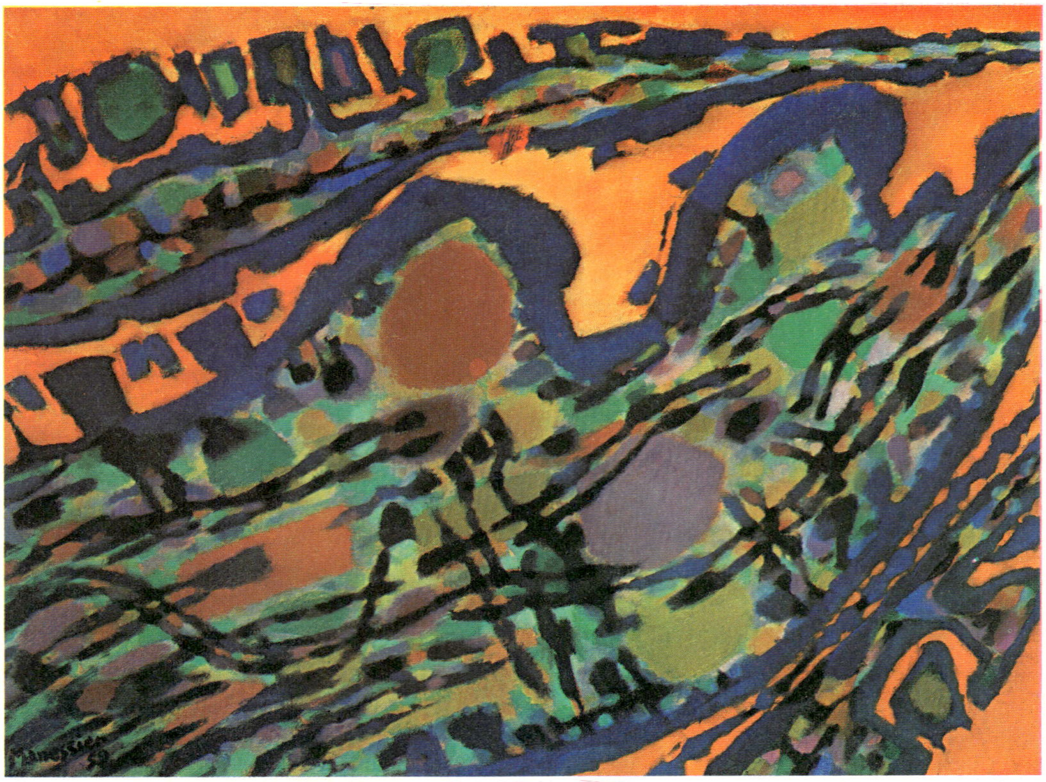

Alfred Manessier »Die Badenden«, 1959 – Galerie Beyeler, Basel

Unten: André Derain »Drei Figuren auf einer Wiese«, 1906/07 – Musée National d'Art Moderne, Paris

S. 99 oben: Emil Nolde »Tropische Sonne«, 1914 – Stiftung Seebüll Ada und Emil Nolde

An allen drei Bildern ist deutlich der grobe, starkfarbige Bildaufbau erkennbar, der auch das fertige Bild noch bestimmt. Das Gemälde von Emil Nolde ist auf die komplementäre Kontrastwirkung von Rot und Grün hin angelegt. Bei Alfred Manessier und André Derain sind zusätzlich noch orangeblaue Komplementärkontraste zu sehen.

3. Primamalerei

Im Unterschied zu den beiden bisher besprochenen Ölmaltechniken, die einen stufenweisen Bildaufbau voraussetzen, zielt die Primamalerei sofort auf die Endwirkung des Bildes ab. Diese Technik ist sicher die schwierigste dieser drei Malweisen, da Farbwirkung, Form und Komposition gleich beim ersten Farbauftrag harmonieren sollten. Sie setzt lange Erfahrung und Vorübung voraus. Die große Gefahr bei dieser Technik liegt in einer zu detaillierten Vorzeichnung, die dann nur noch mehr oder weniger ausgemalt bzw. koloriert wird. Malen Sie daher spontan und flächig, setzen Sie – die Farben sorgsam abwägend – Ton an

Ton, und gehen Sie erst ins Detail, wenn der Gesamteindruck farblich und kompositionell Ihrer Vorstellung entspricht. Zu viele Kleinigkeiten, über das ganze Format verteilt, bereichern das Bild nicht, sondern stören oder zerreißen die Komposition. In der Regel sparen Sie sich bei der Primamalerei (ebenso wie bei den beiden anderen Techniken) die hellsten Stellen und die tiefsten Schatten bis zum Schluß auf. Es besteht aber auch die Möglichkeit, zuerst die hellsten und die dunkelsten Stellen festzulegen und danach die Zwischentöne einzusetzen. Wie Sie vorgehen, bleibt völlig Ihnen überlassen.

Die drei Beispiele zeigen, wie variabel die Primamalerei im Bild angewandt werden kann. Zwischen der ungestümen, expressiven Malweise Appels, den fein getupften Punkten des Pointillisten Cross und der in lockeren Pinselstrichen gemalten Landschaft von Steer liegen Welten: – gemeinsam ist allen drei jedoch der spontane, die Gesamtkomposition bestimmende Farbauftrag.

S. 102 oben: Karel Appel ›Personen‹, 1957 – Sammlung De Jong, Hengelo

Unten: Henri-Edmond Cross ›Die goldenen Inseln‹ – Musée National d'Art Moderne, Paris

S. 103: Philip Wilson Steer ›Blick über die Ebene von Stroud‹ – Ashmolean Museum, Oxford

4. Spachtel-technik

Die Spachtel läßt sich auf verschiedenste Weise handhaben. Nicht die Größe ist entscheidend, sondern die Art, wie Sie das Werkzeug auf dem Malgrund ansetzen. Einige Möglichkeiten sind auf diesen Seiten gezeigt. Zum Spachteln können Sie auch die schnell trocknende Acrylfarbe verwenden.

Nach dem flächigen Farbauftrag lassen sich mit der Spachtelkante feine Linien in die noch nasse Farbe kratzen.

Nehmen Sie wenig Farbe auf die Spachtel, setzen Sie sie in Längsrichtung auf den Malgrund und ziehen Sie sie dann mit kurzen, schnellen Bewegungen nach unten weg.

Nehmen Sie von der Palette genügend Farbe auf die Spachtel. Tragen Sie die Farbe mit der Spachtelkante auf den Malgrund auf.

Bei dünnem Farbauftrag lassen sich auch mit der Spachtel lasierende Wirkungen erzielen, die zu pastos gespachtelten Flächen kontrastieren.

Diese Flecken wurden mit der Spachtelspitze aufgesetzt. Sie können damit pointillistische Wirkungen erzielen oder zusätzliche Akzente setzen.

Hier verfahren Sie ähnlich wie bei Beispiel 5, tupfen die Farbe aber nur mit der Spachtelspitze an.

Übung (19): Nehmen Sie Ihre Spachtel zur Hand und versuchen Sie, die Spachtelstrukturen in einem beliebigen Motiv zu verwenden. Gehen Sie noch nicht zu sehr ins Detail und achten Sie auf möglichst unterschiedliche Strukturen.

Die praktischen Anwendungsmöglichkeiten der Ton-, Kontrast-, Prima- und Spachtelmalerei, die Ihnen auf den vorhergehenden Seiten aufgezeigt wurden, sollten Ihnen lediglich Anregungen vermitteln. Es liegt nun an Ihnen, sie bei Ihrer kreativen Arbeit produktiv zu verwerten. Der Maler Anselm Feuerbach hat einmal gesagt: ›Gesegnet sei die Stunde, die mich Herr der Technik werden ließ, um jetzt dem Geist unbeirrt nachgehen zu können.‹ Maltechniken beherrschen heißt nicht, sie nun bei jeder Gelegenheit schulmäßig genau anwenden. Wichtig ist vielmehr, daß Sie einen Fundus von Kenntnissen erwerben, auf den Sie zurückgreifen können, wenn eine Bildidee das erfordert. Das Üben soll Sie frei machen, nicht einengen.

Oben: Jean Fautrier ›Neue Perspektiven‹, 1962 – Privatsammlung, Mailand

Links: Jean-Paul Riopelle ›Garten‹, 1957 – Galerie Jacques Dubourg, Paris

Rechts: Pierre Soulages ›Komposition‹, 1959

Oben: Nicolas de Staël ›Komposition‹

Links: Gianni Dova ›Komposition‹, 1956 – Sammlung Cavellini, Brescia

Die Gouachefarbe

Eberhard Lorenz ›Irschenhausen‹, 1963

Die Gouachefarbe (auch Guasch- oder fälschlicherweise oft Temperafarbe genannt) ist wie die Aquarellfarbe mit Wasser vermalbar, wird jedoch meist deckend aufgetragen. Zum Aufhellen der Farben verwendet man Deckweiß. Als Malgrund dienen Papier, Karton oder grundierte Hartfaserplatten. Getönte oder farbige Papiere eignen sich besonders gut, da der stellenweise durchblitzende Ton des Papiers die Farbstimmung zusammenhält. Natürlich können bei der Gouache auch deckende mit halbdeckenden und lasierenden Tönen kombiniert werden. Alle Arten von Pinseln sind dabei verwendbar.

Charakteristische Merkmale der Gouachefarbe sind die matte Oberfläche und der hellere Tonwert nach dem Trocknen. Da sie sehr gute deckende Eigenschaften hat und sich mühelos mit einer Ziehfeder verarbeiten läßt, wird sie in der Gebrauchsgraphik bevorzugt.

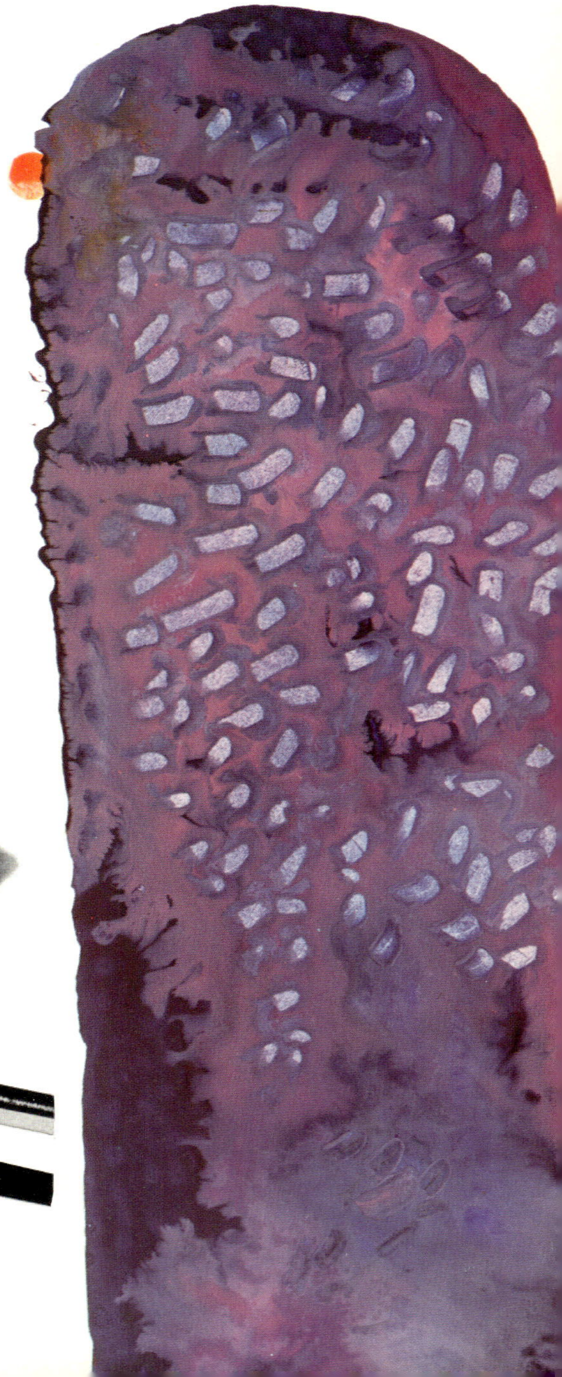

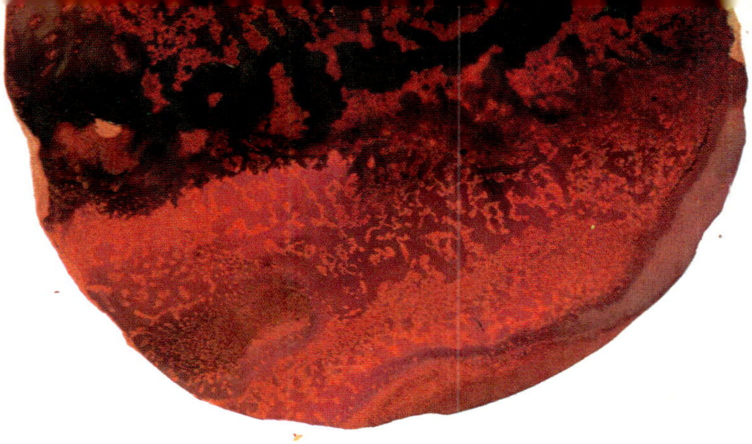

Einige Experimente mit Gouachefarben sehen Sie auf dieser Doppelseite abgebildet. Bei dem Halbkreis oben wurde roter Farbspray in die noch nasse Farbe gesprüht. Die beiden Flächen links und rechts wurden in feuchtem Zustand mit der Kante einer Münze strukturiert. Stark mit Deckweiß gemischtes Lila, in eine noch nasse braune Fläche geträufelt, ergab das marmorisierte Muster des mittleren Beispiels. Daneben sind mit Ziehfeder, Zirkel und Lineal Streifen und Flächen ausgemalt.

Übung (20): Lassen Sie sich von den gezeigten Techniken zu einer eigenen abstrakten Komposition inspirieren.

un peu malade le cheval patte pelu la fleur blonde qui tourmente les tourterons !

Drei sehr unterschiedliche Anwendungsmöglichkeiten der Gouachefarbe sehen Sie auf dieser Doppelseite. Olivia K. Fischer-Lüdtkes ›Meditation‹ (1971) wurde mit Gouachefarbe in feinen Linien auf goldgrundiertes Japanpapier gezeichnet. Max Ernsts Collage ›Ein etwas krankes Pferd‹ (1920) ist mit Gouachefarben koloriert. Rechts eine Gouache von Auguste Herbin mit dem Titel ›Napoleon‹ (1949).
Bei diesem Bild wird deutlich, wie gut sich Gouachefarbe für konstruktive Formen, für die Arbeit mit Ziehfeder und Lineal eignet.

Die Acrylfarbe

Acrylfarben sind Kunstharzdispersionsfarben, die in der Malerei erst seit etwa 1964 bekannt sind. Dieses Farbmaterial, das sowohl Eigenschaften von Gouache- als auch von Ölfarben aufweist, ist mit Wasser vermalbar, wird nach dem Auftrocknen jedoch wasserunlöslich. Die großen Vorteile dieser Farbe: unabhängig von der Dicke der Farbschicht besteht keine Gefahr von Rissen oder Sprüngen. Schon nach kurzer Zeit, 15–60 Minuten, je nach Untergrund und Stärke des Farbauftrages, ist die Farbe völlig durchgetrocknet und läßt sich wieder übermalen. Als Malgrund eignen sich Papier, Karton, Holz und Leinwand.

Da Acrylfarbe in beliebiger Dicke aufgetragen werden kann, eignet sie sich besonders dafür, Collage-Elemente aufzunehmen. Sand, Steine, Strohhalme, Zündhölzer, Stoffe, Wellpappe und vieles mehr können in die nasse Farbe gedrückt und übermalt werden.

Linke Seite, linkes Beispiel: Drücken Sie ein Stück Papier auf die noch nasse Farbe und ziehen Sie es dann schnell nach oben weg. Es entstehen fein verästelte Schlieren.

Linke Seite, rechtes Beispiel: Beim Malen mit leicht verdünnter Acrylfarbe kommt die Struktur des Pinselstriches deutlich zum Vorschein.

Oben: In die noch feuchte, dick oder auch lasierend aufgetragene Farbe können Sie mit der Spachtel, dem Pinselstiel, einem Kamm oder irgendeinem anderen spitzen Gegenstand hineinkratzen. So entstehen interessante Strukturen, besonders bei mehreren übereinandergelegten Farbschichten.

Links: Stark mit Wasser verdünnt, wirkt die Acrylfarbe aquarellartig. Nachdem die Farbe stellenweise schon angetrocknet war, wurden die noch feuchten Partien mit einem Papiertaschentuch aufgesogen.

Unten: Mit Acrylfarbe können Sie nicht nur sehr dick spachteln, ohne befürchten zu müssen, daß die Farbe springt, sondern auch durch lasierendes Spachteln (extrem dünner Farbauftrag mit der Spachtelkante) ein Muster in feiner Farbabstufung erreichen.

Auch bei Acrylfarben ist die Abklatschtechnik anwendbar. Die Farben vermischen sich dabei nicht so zerfließend wie Aquarellfarben, ergeben aber aufgrund ihrer zäheren Konsistenz sehr ausgeprägte Muster.

Übung (21): Tragen Sie stark mit Wasser verdünnte Acrylfarbe auf glattes Papier auf (links). Unten sehen Sie den Abklatsch: Das zweite Papier wird aufgelegt, angedrückt und rasch nach oben weggezogen.

Die Abbildung zeigt das Ergebnis des Experiments, das nach dem Trocknen noch weiterbearbeitet werden kann. Beachten Sie: Je glatter das Papier, desto ausgeprägter die Struktur. Das große Bild oben wurde nach dem Abklatsch noch weiterbearbeitet.

Übung (22): Eine Variation der Abklatschtechnik: Streichen Sie unverdünnte Farbe dick auf kräftiges Papier. Legen Sie ein zweites Blatt darauf und ziehen Sie es mit schnellem Ruck nach oben weg. Die entstehenden Schlieren und Verästelungen müssen nun etwa eine Stunde trocknen. Mit einer ebenfalls unverdünnten Kontrastfarbe auf schräggehaltenem Flachpinsel können Sie die leicht erhabenen Verästelungen weiter herausarbeiten (Beispiele rechts und unten).

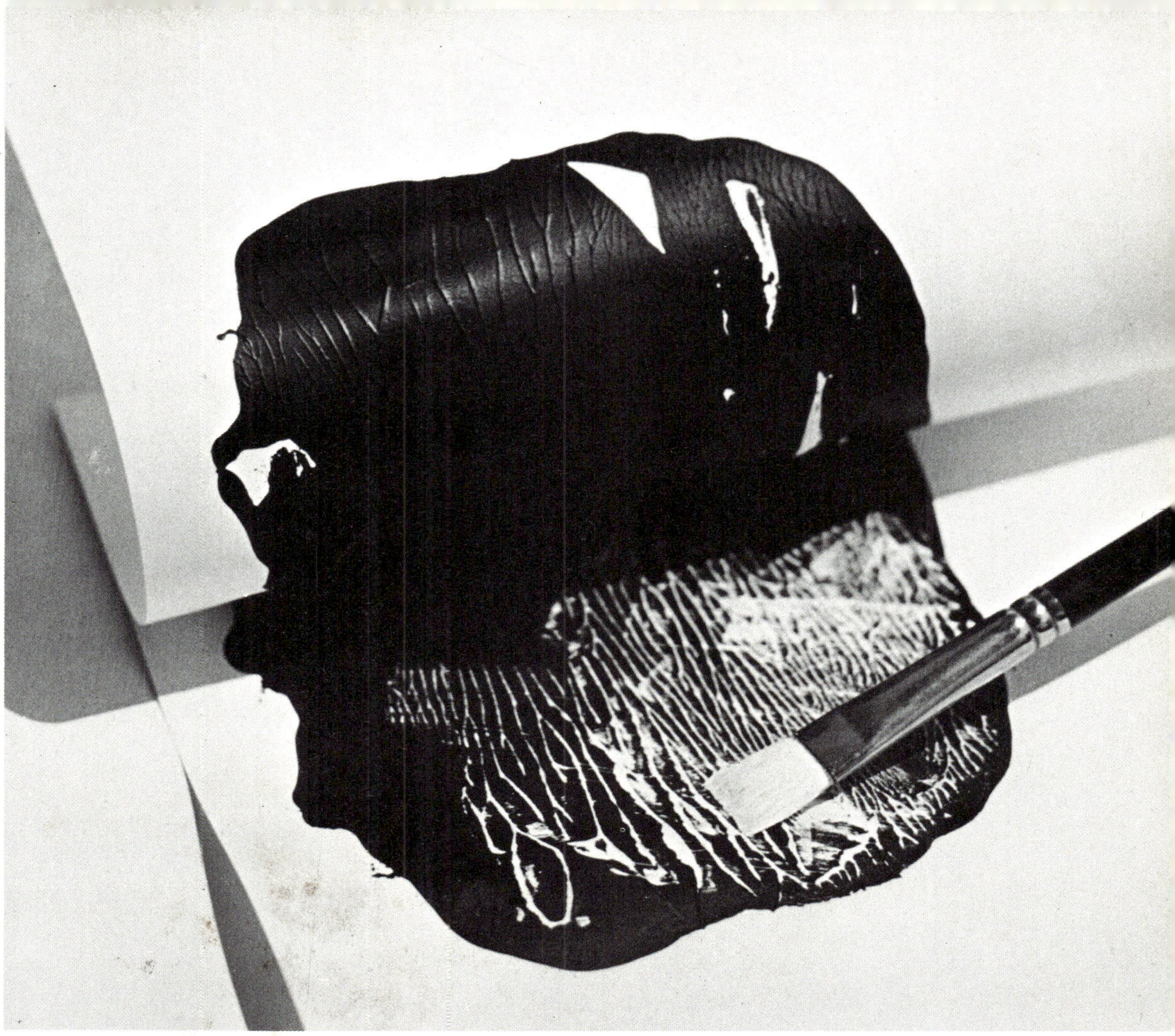

Experimentelle Techniken Gesprühte Farbe

Bei dieser Übung (23) entsteht eine Form der Collage, die vielfältige experimentelle Möglichkeiten eröffnet. Sie benötigen dazu einige Streifen Wellpappe mit unterschiedlicher Rillenbreite und ein Schneidemesser.

Entwerfen Sie eine Landschaft oder ein Stilleben und schneiden Sie die Formen aus der Wellpappe aus. Achten Sie darauf, daß die Richtung der Wellen bei jeder Fläche wechselt. Besprühen Sie die ausgeschnittenen Formen mit Farbspray und kleben Sie sie dann zusammen. Die eigenwillige Komposition links unten ist zufällig auf dem Papier entstanden, das als Unterlage beim Besprühen der Wellpappeformen diente.

diese Farbsprays recht vielseitig angewendet werden können. Weniger präzise und schnell, dafür aber wesentlich billiger, können Sie mit Zahnbürste und Drahtsieb sprühen. Mehr über diese Technik erfahren Sie auf Seite 155.

Die beiden Bilder auf dieser Seite zeigen Ihnen weitere Anwendungsmöglichkeiten von Farbe aus der Sprühdose. Beim oberen Bild wurden mehrere Schichten von halbtransparentem farbigem Seidenpapier auf eine dicke Leimschicht geklebt und eingeschnitten. Anschließend wurde kurz rote Farbe flach über das Bild gesprüht; nur der Kreis blieb ausgespart. Die Materialcollage unten wurde einheitlich mit hochglänzender Silberfarbe und anschließend mit mattem Rosa und Hellblau besprüht. Sie sehen also, daß

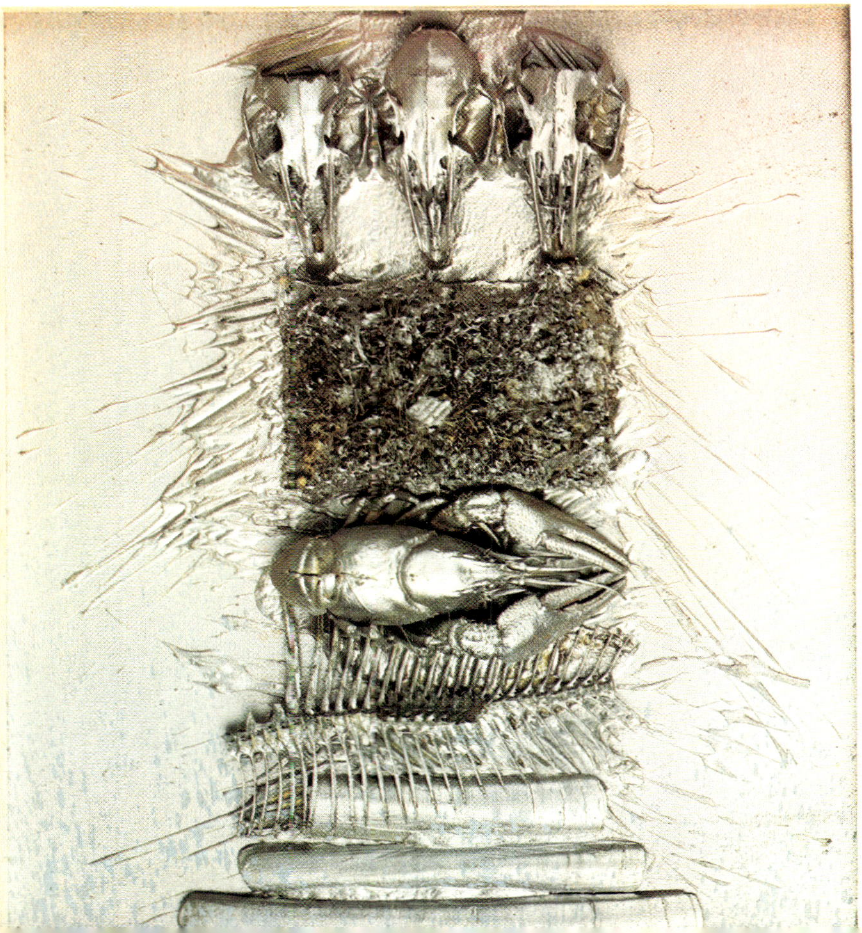

Das Schmelzverfahren mit Plastikgranulaten

Seit kurzem sind in einigen Bastel-, Hobby- und Spielwarengeschäften Dosen mit Plastikgranulaten in vielen Farben erhältlich. Aus diesem Material können Sie ohne großen Aufwand farbige, transparente Scheiben in vielen Formen und mit unterschiedlichen Motiven herstellen. Sie benötigen dazu einen kleinen Elektrokocher oder eine bis 200 Grad heizbare Backröhre, einen Blechdeckel mit 1 cm hohem Rand und Metallfolie in 1 cm breiten Streifen.

Aus den Metallstreifen können Sie abstrakte oder gegenständliche Motive formen und in den Blechdeckel einlegen. Durch Heften, Kleben oder Falzen lassen sich die Folienstücke untereinander verbinden.

Füllen Sie nun die Felder im Deckel bis zum Rand mit farbigen Plastikgranulaten. Auf dem Elektrokocher oder in der Backröhre werden die Granulate bei etwa 200 Grad zum Schmelzen gebracht. Wegen des nicht sonderlich angenehmen Geruchs sollten

Sie den Kocher ans geöffnete Fenster oder auf den Balkon stellen. Sind die Granulate vollständig geschmolzen, nehmen Sie den Deckel vorsichtig mit einer flachen Zange von der Heizplatte und lassen ihn abkühlen. Die Plastikmasse schrumpft beim Abkühlen etwas und läßt sich daher leicht herauslösen. Bei durchfallendem Licht entfalten die bunten Scheiben ihre volle Leuchtkraft. Löcher zum Aufhängen können Sie mit einem Metallbohrer oder einer glühenden Stricknadel durchbohren.

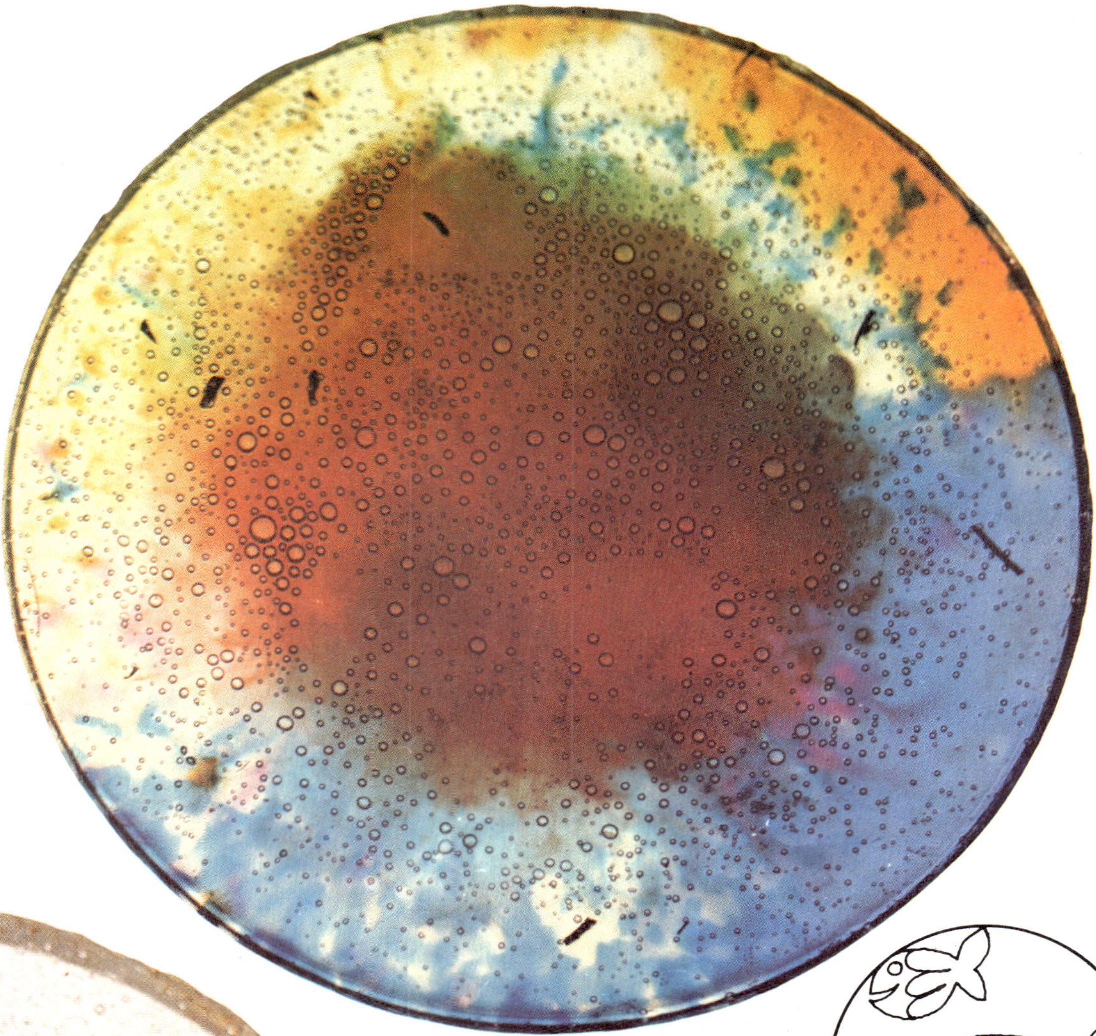

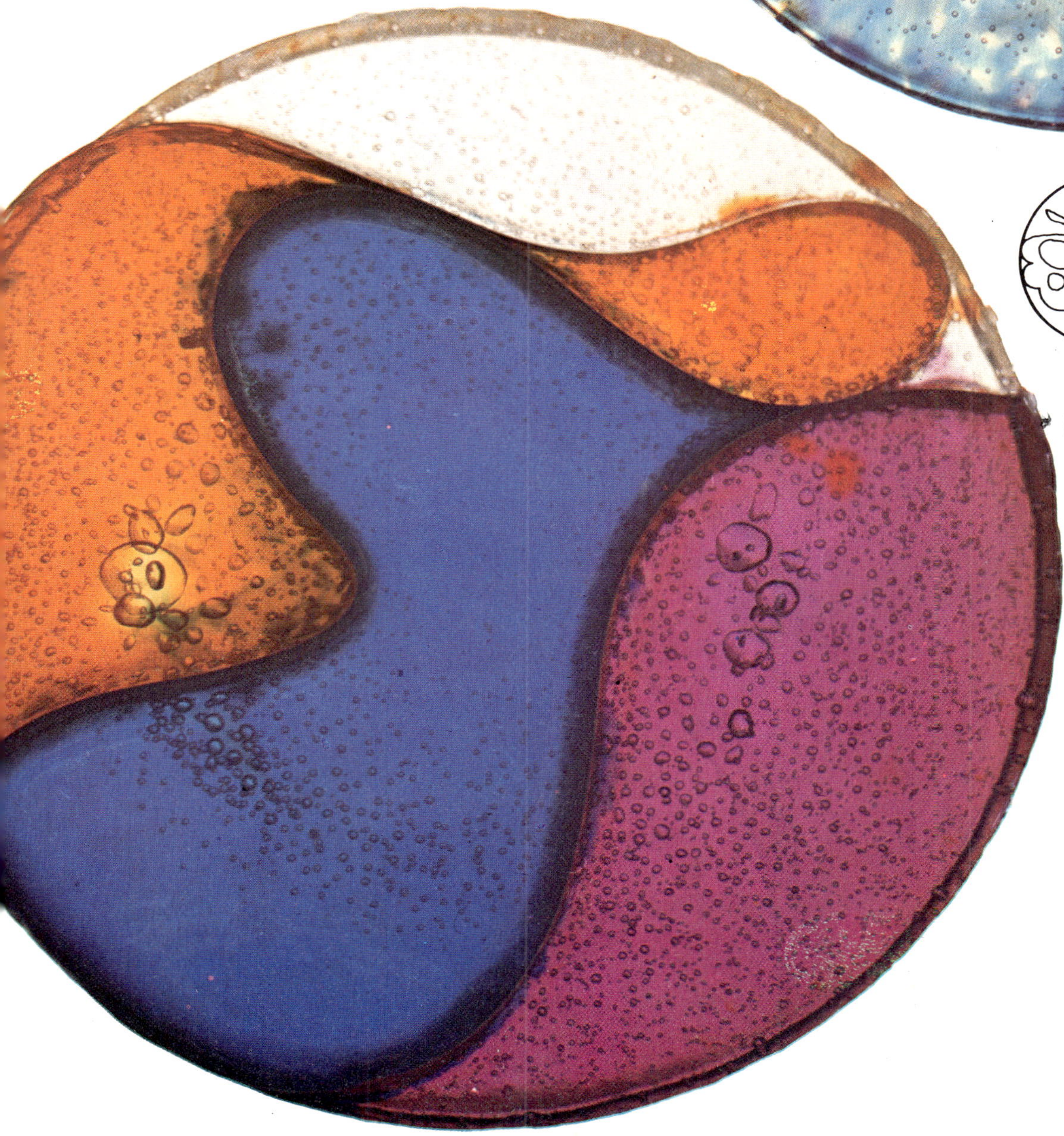

Materialcollage

Die Materialcollage oder Assemblage ist eine Technik, die Ihrer Phantasie wohl den größten Spielraum läßt. Der Schritt in die dritte Dimension, zur Plastik, ist nicht weit; ein Beispiel dafür ist die Assemblage aus alten Möbelteilen von Louise Nevelson. Die Materialcollage, vor etwa sechzig Jahren von den Dadaisten in die Kunst eingeführt, ist bis zur Gegenwart mit viel Erfindungsreichtum ständig weiterentwickelt worden. Folgen Sie dem Beispiel zeitgenössischer Künstler, die das Problem des Wohlstandsmülls auf ihre Art schöpferisch lösen.

Von links nach rechts:

Francis Picabia ›Federn‹, 1921 – Galerie Schwarz, Mailand

Louise Nevelson ›Hochzeitsfest des Weiß‹, 1959 (Ausschnitt) – Galerie Martha Jackson, New York

Alberto Burri ›Bianco 56‹, 1956 – Kaiser-Wilhelm-Museum, Krefeld

Hans Arp ›Fleur marteau‹, 1916 – Privatsammlung, Paris

Übung (24): Entrümpeln Sie Keller, Speicher, Schubläden und Abstellräume. Sammeln Sie vergilbte Photos, Stoffe, Muscheln, Stanniol, Konservenbüchsen, Fahrradketten, kaputte Puppen, Zahnrädchen, Spiegelscherben, Zündkerzen, Heiligenbildchen, Kinderspielzeug und sentimentale Erinnerungsstücke. Gruppieren und befestigen Sie die ausgewählten Stücke zu heiteren, erschreckenden, mysteriösen, romantischen, ironischen oder einfach schönen Gebilden.

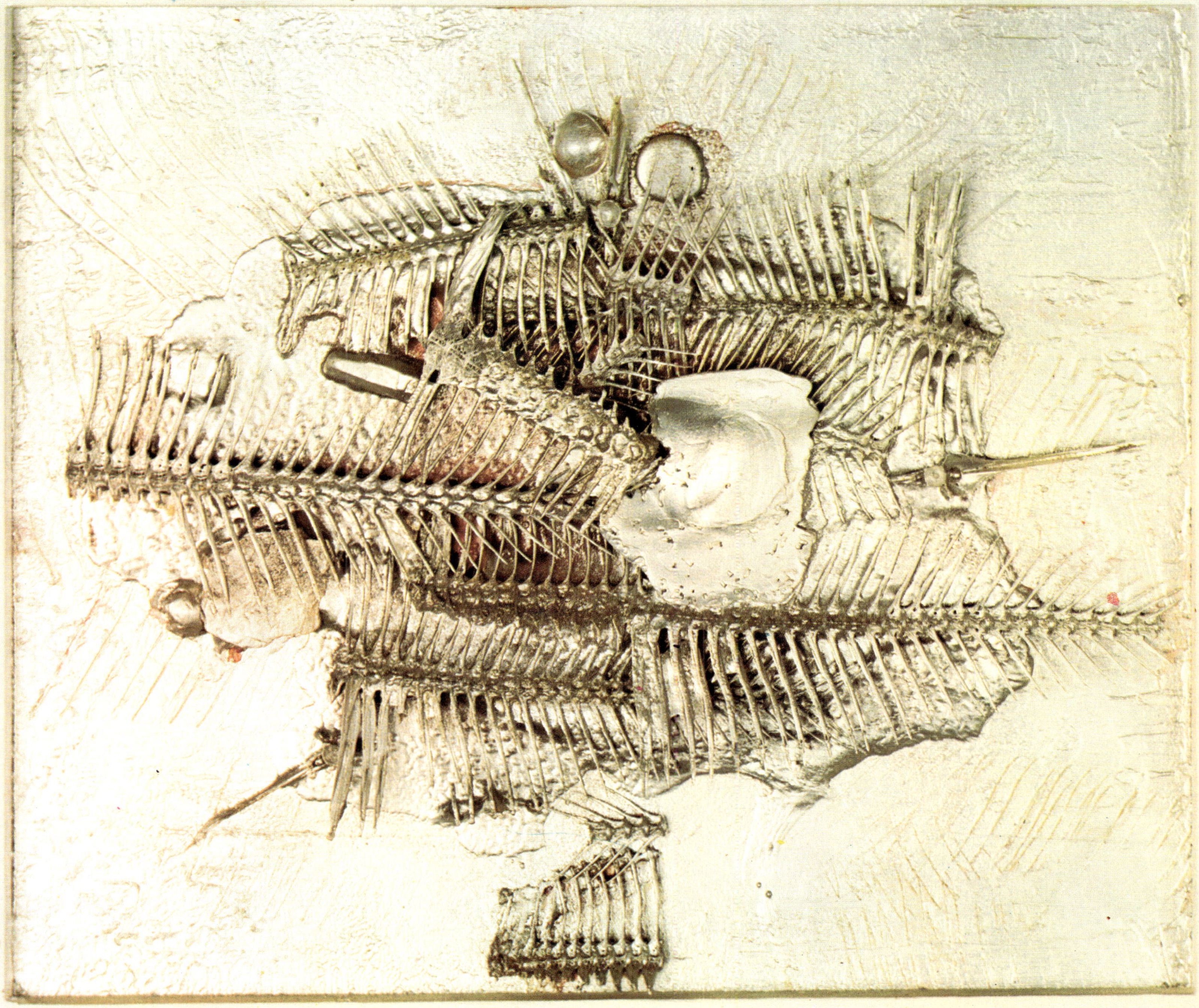

Oben sehen Sie die Reste eines Schollenessens. Die Gräten rochen anfangs etwas. Nach dem Übersprühen mit Silberfarbe schnupperte nur noch die Katze manchmal daran. Bei der Materialcollage links wurden Stabmuscheln, Austernschalen, Leinen und allerlei Kleinzeug in eine grob aufgespachtelte Acrylfarbenschicht gelegt. Nach dem Trocknen kleben die Gegenstände fest. Die Gräten der oberen Collage sind ebenso befestigt.

Experimente mit Mosaik

Marmorstücke eignen sich ebenfalls. Kleben Sie die Steinchen auf die Platte und streichen Sie Mörtel, aus Zement, Sand und Kalk zu gleichen Teilen angerührt, in die Fugen. Wenn Sie schnelles Arbeiten gewöhnt sind, dann können Sie die Steinchen auch direkt in den nassen Mörtel drücken. Das getrocknete Mosaik säubern Sie mit einer Bürste und Wasser von Mörtelresten.

Übung (25): Holzleisten, auf eine Hartfaserplatte genagelt, bilden den Rahmen für Ihr Mosaik. Farbige Steinchen können Sie in Bastelgeschäften kaufen. Bunte Glasscherben, farbige Kieselsteine oder

und Blei

Bleigießen muß nicht auf Silvester beschränkt werden. Auch sind die Ergebnisse nicht reiner Zufall, wie Sie vielleicht annehmen. Die Bleimenge, die Temperatur des Wassers, in das Sie das Blei gießen, die Form des Wassergefäßes, die Entfernung, aus der gegossen wird, und der Schwung, mit dem das geschieht, beeinflussen Form und Struktur der erstarrenden Bleigebilde. Das Blei können Sie sich in einer Metallhandlung besorgen und in einem Töpfchen auf dem Herd schmelzen. Arbeiten Sie wegen der Dämpfe bei geöffnetem Fenster.

Der Harzguß

Mit Kunstharzen, die in vielen Fachgeschäften zu erhalten sind, können Sie alle möglichen Gegenstände eingießen. Das flüssige Harz erstarrt nach kurzer Zeit und kann mühelos aus der Gußform herausgelöst werden. Die Gegenstände schweben dann, ähnlich wie beim Bernstein, in einem glasklaren Block. Sicher haben Sie für diese Übung (26) noch genügend ›Abfälle‹ von Ihrer Materialcollage übrig. Als Gußformen eignen sich Gefäße aus Polyäthylen, Aluminium oder Blech, die zuvor mit Trennlack ausgestrichen werden müssen.

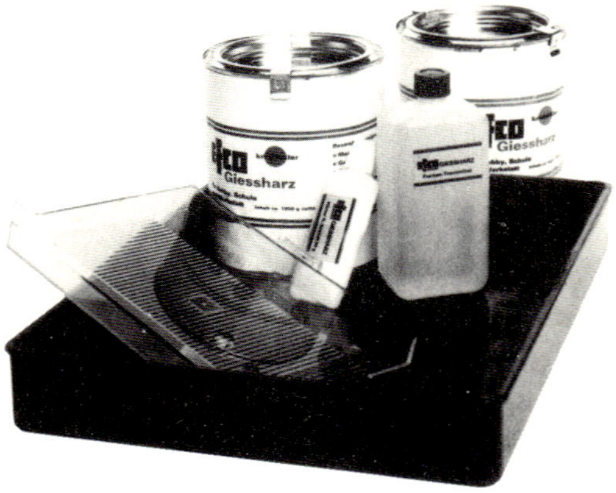

Angaben über die mengenmäßige Zusammensetzung von Kunstharz und Härter sowie über Verarbeitungszeit und mögliche Gießhöhe entnehmen Sie der Gebrauchsanweisung der jeweiligen Herstellerfirma. Sie können in verschiedenen Schichten arbeiten, Farben in das Harz träufeln oder sprühen, Gegenstände etwas herausstehen lassen oder mit bunten Glaskugeln und Plastikknöpfen hübsche Effekte erzielen. Auch hier sind Ihrer Phantasie keine Grenzen gesetzt.

Gips, Zement und Spachtelmasse

Antonio Tàpies, einer der bekanntesten spanischen Maler der Gegenwart, verwendet für seine strengen, meist in erdfarbenen Tönen gehaltenen Kompositionen einen Grund aus Gips oder Zement, in den er mit der Spachtel oder anderen Werkzeugen schneidet, kratzt oder Löcher bohrt. Er rauht manche Flächen auf, streicht andere glatt und trägt Leim auf, den er mit Sand bestreut.

Übung (27): Tragen Sie einen dicken Brei aus Gips, Zement oder einer handelsüblichen Dispersions-Spachtelmasse auf eine gerahmte Hartfaserplatte auf. Zur Stabilisierung ver-

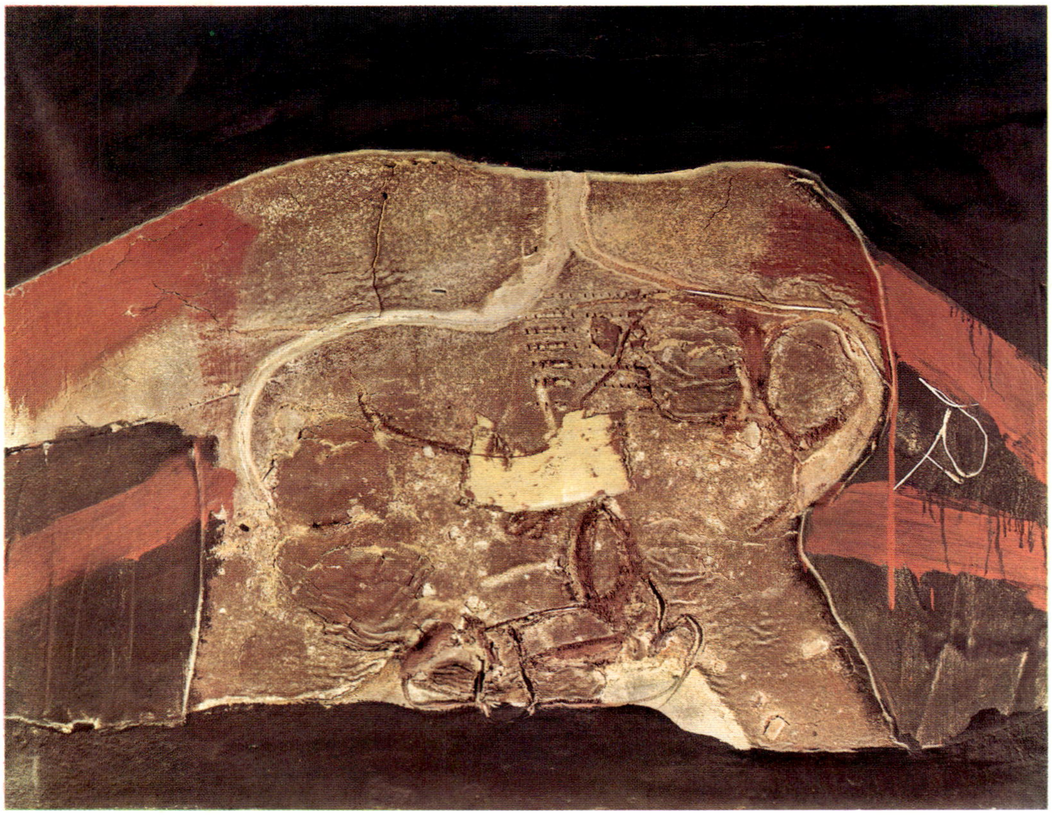

wenden Sie am besten ein Maschendrahtnetz. In feuchtem, halbtrockenem oder erstarrtem (nur Gips) Zustand können Sie die Oberfläche dann auf vielfältigste Weise bearbeiten.

Von links nach rechts: M. Janco ›Weiß auf Weiß‹, 1917 – Sammlung F. Arp, Paris. – Antonio Tàpies ›Rötliche Komposition‹, 1958 – Privatsammlung, Mailand. – Antonio Tàpies ›Grau mit roten Zeichen‹, 1958 – Privatsammlung, Mailand. – Antonio Tàpies ›Ockerrelief mit Rosa‹, 1965 – Sammlung Morris Pinto, Paris.

Die Batik

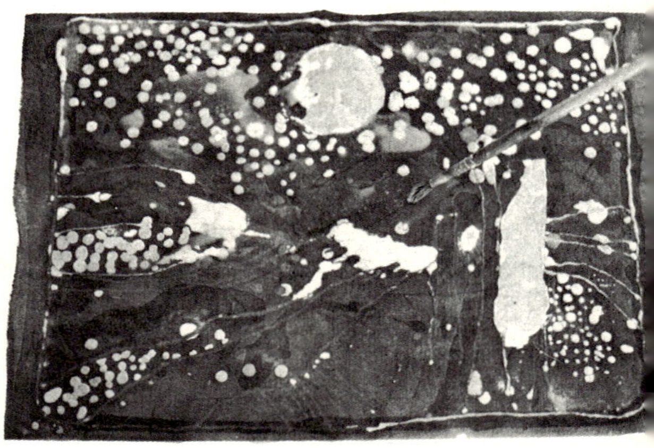

Die Batik stammt aus Indien und Java und dient dem Färben und Bemustern von Kleiderstoffen. Es handelt sich um ein Färbeverfahren, bei dem die Teile des Gewebes, die keine Farbe annehmen sollen, mit flüssigem Wachs abgedeckt werden. Das Wachs wird in einem Blechnapf geschmolzen und mit der abgebildeten Schöpfkelle oder einem Pinsel aufgetragen. Auf Rohseide lassen sich besonders schöne Ergebnisse erzielen.

Die Risse im Wachs, die durch Knicken des Stoffes im Farbbad entstehen und ebenfalls Farbe annehmen, geben der Batik die charakteristische Struktur. Nach dem Einfärben wird das Wachs durch Bügeln auf einem saugenden Untergrund (Zeitungspapier, Filz usw.) wieder herausgeschmolzen. Mehrfarbige Muster erfordern entsprechend viele Abdeck-, Einfärbungs- und Ausschmelzvorgänge. Beginnen Sie möglichst immer mit der hellsten Farbe. Mischfarben entstehen bei Farbüberschneidung. Nach dem letzten Ausschmelzen legen Sie die Batik in ein Fixierbad, um die Farben waschfest zu machen.

Da die Angaben über Zusammensetzung und Temperatur des Farbbades von Produkt zu Produkt verschieden sind, entnehmen Sie diese Hinweise am besten den Gebrauchsanweisungen auf den Farbtüten. Wachs, Batikfarben, Gießkelle und Rohseide erhalten Sie in Hobbygeschäften. Blechnapf, Herd, Pinsel und Bügeleisen haben Sie sicher zu Hause.

Von der Farbe

Beim Begriff ›Farbe‹ sind zwei Bedeutungen zu unterscheiden. Einmal kann damit der Werkstoff Farbe gemeint sein, also Aquarell-, Öl- oder Acrylfarbe, zum anderen das Sinneserlebnis, die Farbempfindung, wenn Farbreize die Sehnerven des Auges erregen. Bis zur Entdeckung eines chemischen Verfahrens zur Farbherstellung in der

Mitte des 19. Jahrhunderts wurde der Werkstoff Farbe ausschließlich aus pflanzlichen, mineralischen oder tierischen Stoffen gewonnen. Im Bereich der Sinneswahrnehmung lösen Farben ganz bestimmte Empfindungen aus. Daß Blau für kaltes und Rot für warmes Wasser steht, ist kein Zufall. Im Rettungswesen spielen Farbkontraste oft eine lebenswichtige Rolle: Ein orangefarbenes Schlauchboot auf blauer See hat ausgesprochenen Signalcharakter. Rot bei Verkehrsampeln und Warnschildern signalisiert Gefahr und schärft fast automatisch die Aufmerksamkeit. Eine wichtige Rolle spielt auch die Farbsymbolik, bei der Farben bestimmten Empfindungen Ausdruck verleihen: Schwarz für Trauer, Rot für Liebe oder Blau für Treue. Diese Zuordnungen sind allerdings immer nur für Angehörige desselben Kulturkreises gültig; in China z. B. ist die Trauerfarbe Weiß.

Der Farbkreis

In dem nebenstehenden 12teiligen Farbkreis nach Johannes Itten sehen Sie in der Mitte in dem gleichseitigen Dreieck die 3 Grundfarben Gelb, Rot und Blau. Die Ausweitung zum Sechseck erfolgt durch Farben zweiter Ordnung (Orange, Violett, Grün), die Mischungen aus den Grundfarben sind. Auf dem Kreis um das Sechseck sind sowohl die 6 Erst- und Zweitfarben vertreten als auch die Mischungen der benachbarten Erst- und Zweitfarben: Gelb, Gelborange, Orange, Rotorange, Rotviolett, Violett, Blauviolett, Blau, Blaugrün, Grün, Gelbgrün. Die Farben, die sich auf dem Kreis gegenüberliegen, sind komplementär; es ist also Rot die Komplementärfarbe von Grün, Gelb die von Violett, Orange die von Blau. Die Mischung einer Farbe mit der entsprechenden Komplementärfarbe ergibt Grau. Probieren Sie das selbst einmal aus. Außerdem können Sie versuchen, nur mit den drei Grundfarben die 12 Töne des Farbkreises nachzumischen. Diese Übung (28) schärft Ihr Farbempfinden und macht Sie im Farbmischen sicher.

Der Quantitätskreis

Die Leuchtkraft der Farben ist unterschiedlich stark. In diesem Quantitätskreis sehen Sie, in welchem Flächenverhältnis die einzelnen Farben zueinander stehen müssen, um annähernd die gleiche Wirkung zu erzielen und dem Kreis einen harmonischen Ausdruck zu verleihen. Violett als dunkelster Ton braucht die größte Fläche, während Gelb, die leuchtendste Farbe, mit der geringsten auskommt. Rot und Grün sind in ihrer Leuchtkraft gleich. Der Leuchtkraft jeder Farbe liegt etwa folgendes Zahlenverhältnis zugrunde:

Gelb : Orange : Rot : Violett : Blau : Grün
9 : 8 : 6 : 3 : 4 : 6

Vom Mischen

Nicht die Anzahl der Farben auf der Palette ist entscheidend, sondern die Fähigkeit, wenig Farben zu einer Vielzahl von Tönen zu mischen. Böse Zungen behaupten: ›Je größer die Palette, desto kleiner der Maler.‹

Übung (29): Die Abbildung links zeigt in der oberen Reihe links einen roten und rechts einen blauen Pinselstrich. Auf das Rot folgt ein Farbton, der eine geringe Beimischung von Blau enthält, der nächste enthält etwas mehr usw. Jedem Farbstreifen ist zudem die Mischung mit Weiß beigefügt. Mischen Sie die Zwischentöne von Rot-Blau, Gelb-Rot und Rot-Grün.

Übung (30): Gestalten Sie mit den Ihnen zur Verfügung stehenden Farben eine dem rechts abgebildeten Beispiel ähnliche Komposition, bei der jedes Quadrat im linken Teil zwei Farben und im rechten die Mischung daraus enthält.

Drei Farbkontraste
1. Hell-Dunkel

Ein Künstler will seinem Bild eine bestimmte Stimmung geben, etwas betonen und aus der Umgebung herausheben, Bildpartien kontrastreich trennen oder Tiefenwirkung erzielen. Bei überlegter Anwendung können ihm diese drei Farbkontraste dabei behilflich sein.
1. Der Hell-Dunkel-Kontrast,
2. der Warm-Kalt-Kontrast
und 3. der Intensiv-Stumpf-Kontrast.
Der Hell-Dunkel-Kontrast trennt Bildpartien. Je unterschiedlicher die Tonwerte sind, desto stärker heben sie sich voneinander ab. Sie müssen dabei natürlich nicht so kontrastreich arbeiten, wie das in Egon Schieles ›Baum im Herbst‹ der Fall ist, wo bei zusammengekniffenen Augen eine harte Schwarzweißwirkung erscheint. Paul Klees ›Betroffener Ort‹ zeigt eine reiche Skala von Hell-Dunkel-Kontrasten, teils durch feinste Abstufung, teils durch harte Entgegensetzung erzielt.

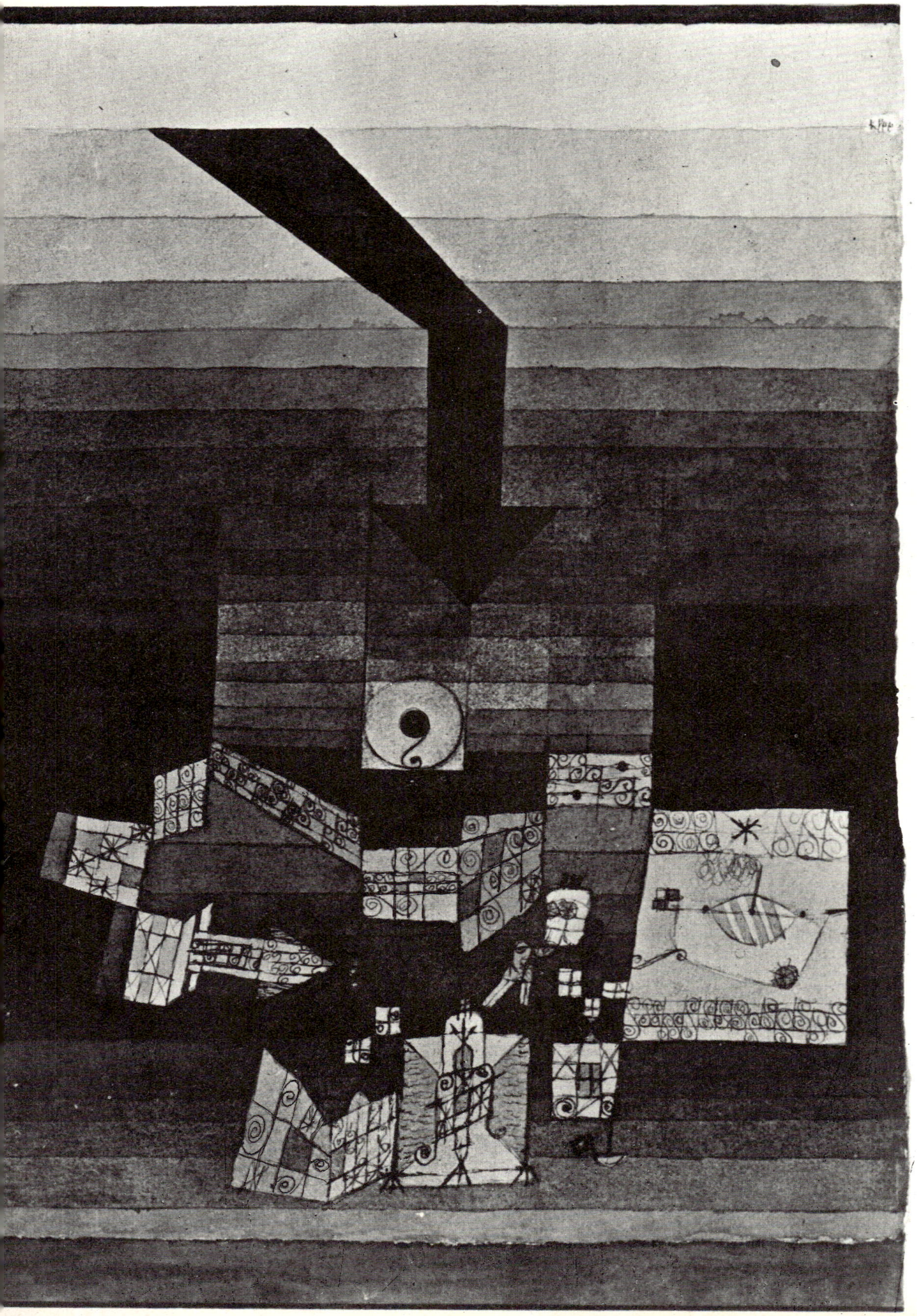

Links: Paul Klee ›Betroffener Ort‹, Aquarell, 1922 – Kunstmuseum Bern (Klee-Stiftung)

Rechte Seite: Egon Schiele ›Baum im Herbst‹, Öl auf Leinwand, 1909 – Hessisches Landesmuseum, Darmstadt

Übung (G):
Sie sehen eine Grauskala von Weiß nach Schwarz, die von Stufe zu Stufe die gleichen Tonwertabstände aufweist. Unter dem mittleren Grau steht ein Rot im gleichen Tonwert. Mischen Sie nun auf einem Übungsbogen, den Sie ebenfalls in sieben Felder einteilen, nach rechts mit Schwarz, nach links mit Weiß die beiden Zwischenstufen. Achten Sie darauf, daß der Tonwert dieser Kästchen jeweils mit dem Tonwert der Kästchen darüber identisch ist. Bei Aquarellfarbe können Sie anstelle der weißen Farbe auch Wasser zum Aufhellen verwenden.

2. Warm-Kalt

Die Verteilung der Tonwerte, das Verhältnis von hellen zu dunklen Partien, kann die Stimmung eines Bildes beeinflussen. Aber auch die ›Temperatur‹ einer Farbe ist entscheidend. Man spricht von warmen und kalten Farben. Sie liegen auf dem Farbkreis einander gegenüber. Die eine Hälfte, von Rotviolett bis Gelb, ist warm, die andere, von Gelbgrün bis Violett, kalt.

Kees van Dongen ›Der rote Clown‹, Öl auf Leinwand, 1905 – Sammlung Lucile Manguin, Paris

Orangerot ist die wärmste, Blau die kälteste Farbe. Gelbgrün und Violett sind annähernd neutral. Die einzelnen Farben können auch Abweichungen zu Warm oder Kalt aufweisen; so ist ein Gelbgrün wärmer als ein Blaugrün, ein Rotviolett wärmer als ein Blauviolett. Grundsätzlich kann gesagt werden, daß jede Farbe außer Orange durch Mischen mit Gelb wärmer und alle Farben durch Blau kälter werden. Auch die umgebenden Farben haben Einfluß auf die Farbwirkung. Je kälter die Farben im Bereich eines warmen Farbtons sind, desto wärmer wirkt dieser. Ebenso trifft die Umkehrung dieses Satzes zu, wie Sie an van Dongens ›Roter Clown‹ beobachten können. Die Intensität der Rot- und Orangetöne wird durch wenige ›kalte‹ Akzente (das Blau im oberen Bildrand und an den Beinen) noch gesteigert.

Übung (H): Übersetzen Sie das in kalten Farbtönen gehaltene Stilleben (linke Seite, oben) in eine warme Farbstimmung. Die nebenstehend abgebildeten Farben zeigen Ihnen, welche Vielfalt an Tönen zur Verfügung steht. Natürlich können Sie einige wenige Akzente in kalten Tönen als Kontrast und Steigerung einsetzen.

Edvard Munch ›Weiße Nacht‹, Öl auf Leinwand, 1901 – Nationalgalerie, Oslo

3. Intensiv-Stumpf

Als Intensiv-Stumpf-Kontrast wird das Verhältnis reiner Farben zu stumpfen, abgeschwächten Tönen bezeichnet. Dieses Abschwächen der Farbe erfolgt meist durch Mischen mit einer Komplementärfarbe: Ein Rot kann mit etwas Grün, ein Blau mit Orange abgeschwächt werden. Wie bei den zuvor besprochenen Kontrasten dient auch der Intensiv-Stumpf-Kontrast dazu, Bildpartien zu betonen; denn ein Farbton wirkt um so leuchtender, je stumpfer die umgebenden sind. Die beiden Bilder von Kandinsky zeigen das deutlich. Beim linken Bild überwiegen die dunklen, gebrochenen Farben, beim rechten die intensiven, leuchtenden Töne.

Wassily Kandinsky ›Gemäßigter Schwung‹, Öl auf Leinwand, 1944 – Sammlung Nina Kandinsky, Paris

Wassily Kandinsky ›Improvisation VI‹, Öl auf Leinwand, 1909 – Städtische Galerie, München

Übung (I):

Brechen Sie die leuchtenden Farben im Hintergrund durch Beimischen einer Komplementärfarbe, wie Sie es an dem Beispiel unten sehen. Den Pfahl, auf dem die Möwe sitzt, können Sie im selben Ton belassen.

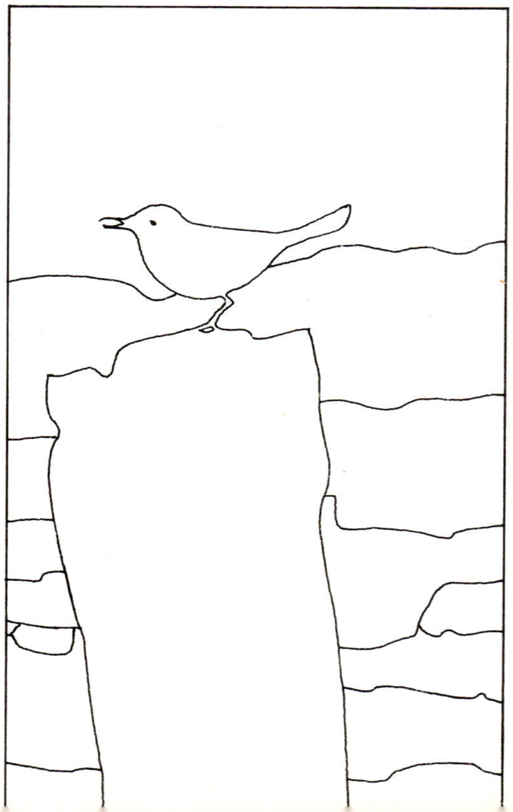

Komplementärfarben

Komplementär nennt man diejenigen Farben, die auf dem Farbkreis (S. 134) einander genau gegenüberliegen: Gelb-Violett, Blau-Orange, Rot-Grün. Man nennt diese Farbpaare auch Ergänzungsfarben, weil das Auge z. B. beim Betrachten von Rot unwillkürlich nach einem grünen Ergänzungston sucht.

Den stärksten optischen Reiz erreichen Sie, wenn Sie Komplementärfarben in gleichem Tonwert zusammenstellen, etwa helles Blau und Orange oder Rot und Grün, wie auf dem Bild von Vasarely. Op-art-Künstler bevorzugen die flimmernden Wirkungen, die dabei entstehen und dem Auge manchmal fast weh tun.

Die Mischung von zwei Komplementärfarben ergibt Dunkelgrau.

Bei der Anwendung im Bild sollten Sie darauf achten, daß die Komplementärfarben in spannungsvollem Verhältnis zueinander stehen, wie es die beiden Bilder von Degas und van Gogh zeigen.

Rechts oben: Vincent van Gogh ›Kornfeld mit Krähen‹, 1890 – Stedelijk Museum, Amsterdam

Rechts unten: Edgar Degas ›Tänzerinnen in Blau‹, 1890 – Louvre, Paris

Victor Vasarely ›Quadrum Nr. 2‹, 1963 – Galerie Denise René, Paris

Die Farbstimmung im Bild

Jede Farbe hat einen ganz bestimmten Stimmungswert, der sich aus dem Tonwert, der Leuchtkraft, der Reinheit, der ›Temperatur‹ und der Beeinflußung durch Farben der Umgebung ergibt. Das Bildmotiv spielt dabei keine Rolle. Bei einem gegenstandslosen Gemälde ist die Farbstimmung oft der einzige Anhaltspunkt für den Betrachter. Das Bild links zum Beispiel ist ganz in dunklen blauen und violetten Tönen gehalten, aus denen hellere Tonwerte fahl hervortreten. Gesteigert wird die bedrohliche und etwas unheimliche Wirkung durch die feinen roten Linien. Die vier abstrakten Kompositionen rechts sind im formalen Aufbau genau gleich. Sie unterscheiden sich lediglich durch die Farbstimmungen: heiter (unten links), düster (oben

links), warm (unten rechts) und zart (oben rechts). Übung (J): Wählen Sie unter den vier Beispielen die Farbstimmung aus, die Ihnen am

besten gefällt. Malen Sie in dieser Stimmung das nebenstehende oder ein ähnliches, selbstkomponiertes Stilleben aus.

Pablo Picasso ›Sitzende Frau mit Kapuze‹, 1902 – Staatsgalerie Stuttgart

Bei gegenständlichen Bildern kann die schon vom Motiv her gegebene Stimmung durch die Farben noch gesteigert werden. Die traurig gebeugte, kauernde Frauengestalt und die ärmliche, karge Umgebung in diesem Bild von Picasso finden ihre Entsprechung in den tristen graugrünen und blauvioletten Farben.

Die Jahreszeiten und die Farbe

Im Frühjahr erscheinen Gras und Blätter in zartem Gelbgrün, die Blumen blühen in duftigen Farben, und der Himmel strahlt in hellem Blau. Im Sommer dominieren warme, intensive Farben wie Rot, Orange, kräftiges Grün und leuchtendes Blau. Brauntöne vom wärmsten Braunorange bis zum dunklen, kalten Braun, gedämpftes Graugrün, Violett und tiefes Blau sind im Herbst vorherrschende Farben. Im Winter dominieren kalte Farben: neben Weiß und Schwarz vor allem die hellen Blauabstufungen von Türkis bis Lila. Natürlich läßt sich für eine Jahreszeit kein fertiges Farbrezept angeben. Ein kalter, verregneter Sommertag kann mit kalten Farben und ein sonniger Herbsttag unter Umständen in Frühlingsfarben gemalt werden. Betrachten Sie daher die groben Farbcharakterisierungen lediglich als Anhaltspunkte für eigene Naturbeobachtungen.

Übung (K): Setzen Sie die vorgezeichnete Landschaft in die charakteristischen Farben einer Jahreszeit um. Natürlich können Sie sich dazu auch selbst ein Landschaftsmotiv aussuchen.

Die Untermalung

Diese Übung (31) ist mit der auf Seite 92 behandelten Tonmalerei verwandt. Hier allerdings werden die Farben nebeneinander auf eine farbige Untermalung aufgetragen, während bei der Tonmalerei der Auftrag schichtenweise übereinander erfolgte. Die nebenstehende Landschaft ist in vier Felder unterteilt; jedes Feld ist anders untermalt: weiß, gelb, braun und grün. Darauf wurde nun so lasierend mit Acrylfarben gemalt, daß der Untergrund noch durchscheint. Die Farbharmonie beruht auf der einheitlichen Untermalung, die jedem darübergesetzten Ton gleichsam beigemischt ist. Das große Farbenmuster zeigt das noch

deutlicher. Über Rot, Weiß, Blau und Gelb sind Farbstreifen gemalt. Die weiß untermalte Fläche zeigt eine sehr unschöne Farbkombination, die übrigen drei Flächen dagegen ein harmonisches Zusammenspiel der Farben. Sie können das durch Abdecken der übrigen Felder an jeder untermalten Fläche gut erkennen.

Gesprühte Lasuren

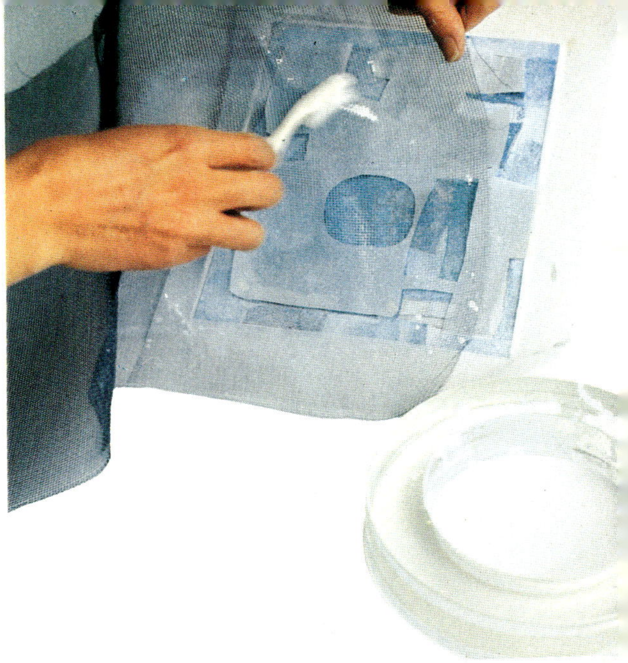

Die Wirkung ist ähnlich wie bei dem einfarbigen Grundton, der lasierend übermalt wird. Die Lasur wird bei diesem Verfahren allerdings erst aufgesprüht, wenn das Bild fertig ist. Wenn Sie zum Beispiel ein Aquarell in zu harten, knalligen Farben angelegt haben (mittleres Feld), können Sie durch Übersprühen mit einem in Ihrer Komposition vorherrschenden Ton den farblichen Zusammenhalt wiederherstellen (unteres Feld) oder mit weiß aufgesprühter Lasur schemenhaft zarte Tonabstufungen erreichen (oberes Feld).

Übung (32): Mißlungene Aquarelle oder Gouachen lassen sich auf interessante Art verfremden. Sie benötigen dazu eine Zahnbürste und ein Drahtsieb. Tauchen Sie die Zahnbürste in verdünnte Aquarell-, Gouache- oder Ölfarbe. Streichen Sie damit auf einem über dem Bild gehaltenen Drahtsieb hin und her. Weitere Effekte lassen sich durch Abdecken einzelner Bildpartien und durch Verwendung mehrerer Farben erzielen.

Klassische Themen Das Stilleben

Die aus Holland stammende Bezeichnung ›Stilleben‹ wird für Arrangements regloser oder ›toter‹ Dinge verwendet. In Frankreich ist dafür der Begriff ›Nature morte‹ gebräuchlich. Je nach Dominanz bestimmter Gegenstände werden Blumen-, Früchte-, Jagd- oder auch Frühstücksstilleben unterschieden.

Ein Gegenstand steht in der Mitte. Die Horizontale teilt das Format in gleiche Hälften.

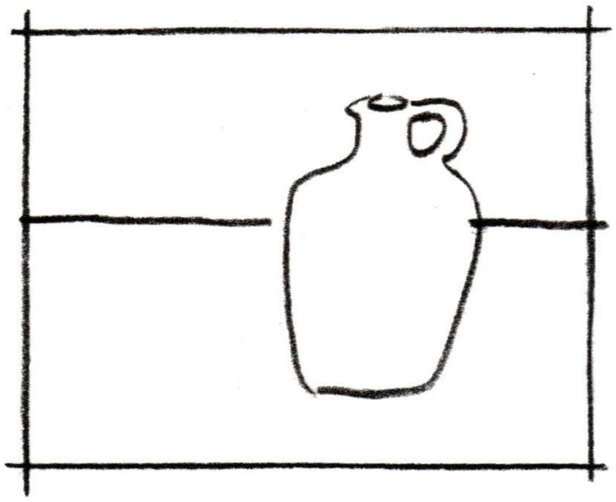

Spannungsvoller wird die Komposition, wenn Gegenstand und Horizontale aus der Mitte rücken.

Der Gegenstand rückt in den Vordergrund. Er wird dadurch wichtiger, beherrschender.

Drei Gegenstände, die in dieser Aufteilung etwa gleich groß erscheinen, sind zusammenhanglos über das ganze Bild verteilt.

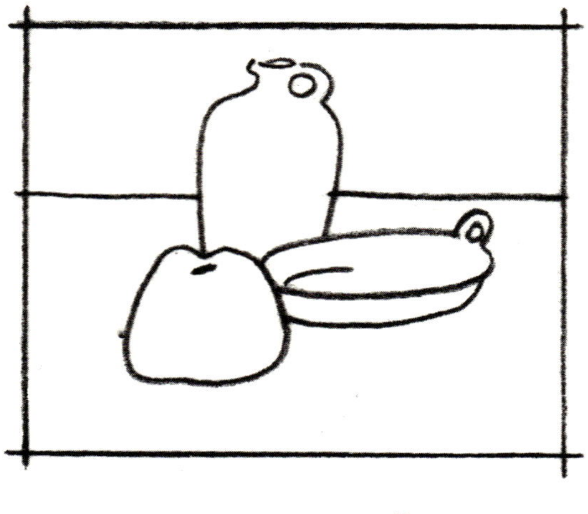

Durch gegenseitiges Überschneiden werden die Gegenstände zueinander in Beziehung gesetzt. Der Blickpunkt liegt in der Mitte.

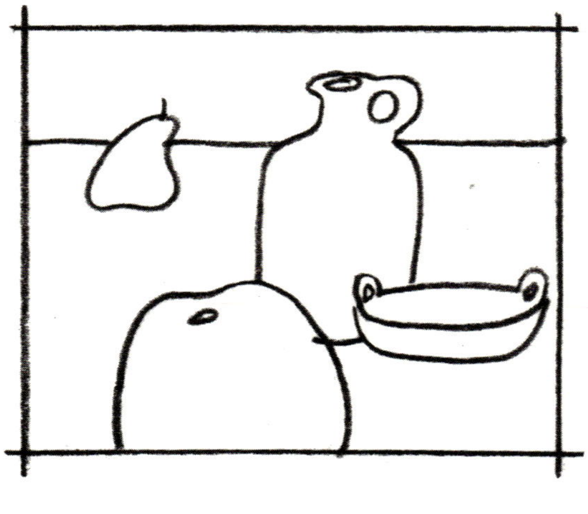

Kontrastierende Größenverhältnisse und Anschneiden am Bildrand führen den Blick des Betrachters ins Bild hinein.

Schon in Ihren Kompositionsskizzen zu einem Stilleben sollten Sie Stimmung und Licht-Schatten-Verhältnisse durch grob schraffierte Tonwertmuster andeuten. Die Flächenaufteilung ist beim Stilleben besonders wichtig. Lassen Sie sich daher ruhig Zeit und probieren Sie auf Skizzenblättern erst eine Reihe von Möglichkeiten aus, ehe Sie sich festlegen.

Henri Matisse ›Nature morte mit rosa Zwiebeln‹, 1906 – Statens Museum for Kunst, Kopenhagen. Der helle Krug zentriert den Blick ganz auf die Mitte des Bildes.

Übung (L): Schneiden Sie einfache Formen wie die rechts abgebildeten Gegenstände in unterschiedlicher Größe aus Papier aus und versuchen Sie, durch Umherschieben der Teile spannungsvolle Gruppierungen herzustellen.

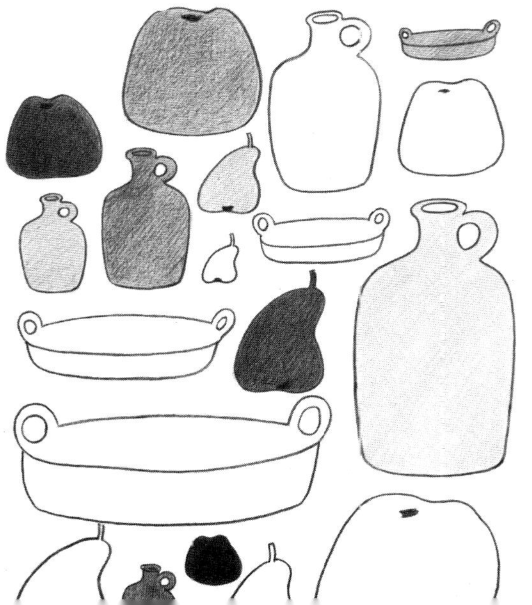

Die Stimmung, die Sie einem Stilleben geben wollen, läßt sich am besten durch die geeignete Farbwahl ausdrücken. Helle Farben, mit viel Weiß zu pastellartigen Tönen ausgemischt, erzeugen eine zarte, duftige Atmosphäre. Dunkle kalte Töne wie Blaugrün und Violett im Kontrast zu hellem Türkisgrün ergeben eine unheimliche, etwas mysteriöse Stimmung. Der sonnige, heitere Eindruck des dritten Beispiels beruht auf der Leuchtkraft der Farben und dem starken Lila-Gelb- und Rot-Grün-Kontrast.

Für die Tiefenwirkung im farbigen Bild gilt prinzipiell dasselbe, was auf Seite 53 schon besprochen wurde. Abstufungen in Tonwert und Intensität der Farbe bei den hintereinander gestaffelten Gegenständen geben Ihrem Bild Tiefe. Sie können dabei von Hell nach Dunkel oder von Dunkel nach Hell vorgehen. Das gilt auch, wenn die Farben zum Hintergrund hin kälter werden.

Übung (33): Malen Sie ein Stilleben in einer charakteristischen Farbstimmung. Legen Sie die Komposition auf Tiefenwirkung hin an.

Dieses herrliche, 1923 gemalte Stilleben von Giorgio Morandi strahlt durch die warme Farbigkeit und die feinen Tonabstufungen gesammelte Ruhe aus.

Mino Maccaris Stilleben (1926; Galleria d'Arte Moderna, Florenz), das farblich ebenfalls zurückhaltend ist, wirkt kompositionell eher sehr lebendig. Die perspektivisch nach hinten weisenden Fluchtlinien von Schachteln, Zeitung und Tisch werden optisch durch den dunklen Hintergrund aufgefangen.

Übung (34): Stellen Sie sich ein einfaches Stillebenmotiv wie auf dem Foto links unten zusammen und führen Sie es in den verschiedensten Techniken aus. Ob farbig oder schwarzweiß, Collage, Monotypie oder Öl – alle Möglichkeiten stehen Ihnen offen. Lassen Sie sich durch die abgebildeten Beispiele auch zum Experimentieren mit verschiedenen Stufen der Abstraktion anregen. Je spielerischer Sie vorgehen, desto bessere Ergebnisse werden Sie erzielen!

Henri Matisse ›Interieur mit Auberginen‹, 1911 – Musée de Peinture et de Sculpture, Grenoble

Betrachten Sie dieses Bild einmal mit zusammengekniffenen Augen: Die hellen Formen in der Bildmitte treten deutlich aus der dunklen Umgebung hervor. Das hält die ganze Komposition trotz der unruhigen Ornamente harmonisch zusammen.

Juan Sanchez Cotán ›Stilleben‹, um 1600 – Fine Arts Gallery, San Diego (USA)

Vor der dunklen leeren Fläche schwingt ein Bogen aus Gemüse und Früchten in den Vordergrund und wird von einer ins Bild weisenden Gurke aufgefangen.

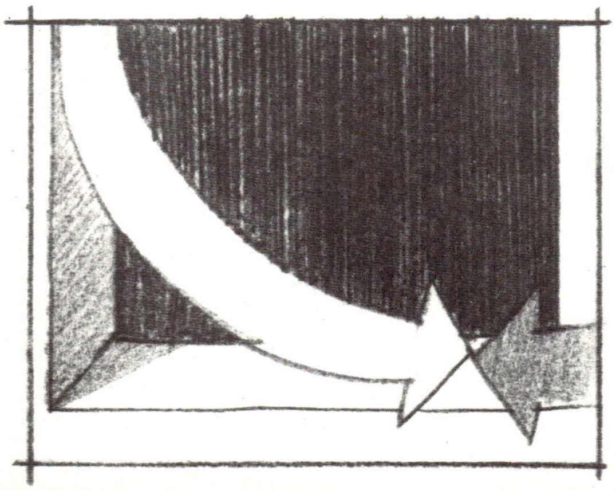

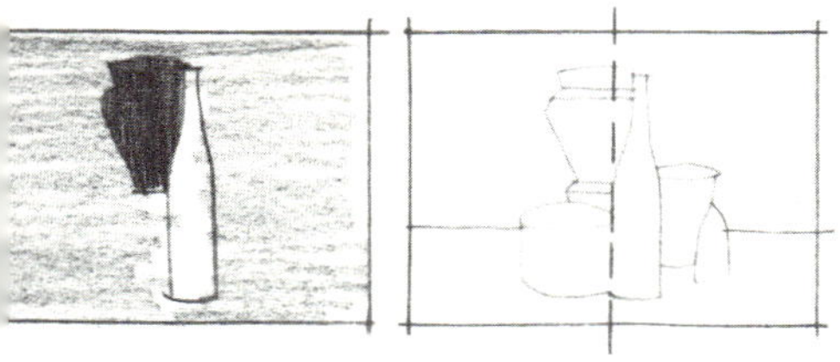

Giorgio Morandi ›Natura morta‹, 1960 – Sammlung Augusto Giovanardi, Mailand

Das Bild strahlt durch die auf die Mitte zentrierte Komposition und die gedämpften Farben ein in sich ruhendes Eigenleben aus. Nur die weiße und die dunkle Form treten aus der Ton-in-Ton gemalten Umgebung hervor.

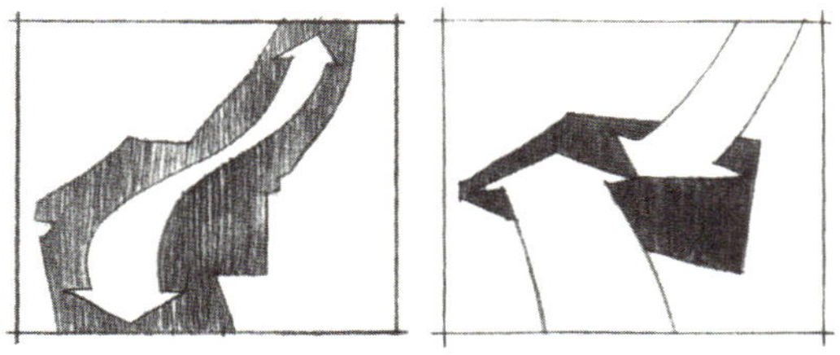

Henri Matisse ›Nature morte mit Geranien‹, 1910 – Bayerische Staatsgemäldesammlungen, München (Foto Blauel)

Auf den ersten Blick erscheint die blauweiße Stoffbahn als durchgehende Diagonale. Bei genauem Hinsehen entdeckt man jedoch, daß es sich um zwei gegenläufige Formen handelt, die auf dem Tisch zusammentreffen. Die zwei Diagramme verdeutlichen dieses Kompositionsschema.

Die Landschaft

Landschaftsbilder – das zeigen die fünf Beispiele auf dieser Doppelseite – bestehen nicht nur aus Wald, Wiese, Dorf, Fluß, Gebirge und See. Die modernen Künstler reagieren auf die durch Technik und Industrialisierung veränderte Landschaft oft mit entsprechend veränderten Bildern. Hinzu kommen neue Seherfahrungen, z. B. der Blick aus sehr großen Höhen oder aus schnellen Fortbewegungsmitteln.

Oben: Paul Gauguin ›Die Seine am Pont d'Jena‹, 1875 – Louvre, Paris

Links: Duilio Cambellotti ›Oliven‹, 1920 – Sammlung Cambellotti, Rom

Paul Klee ›Hauptweg und Nebenwege‹,
1929 – Wallraf-Richartz-Museum, Köln

Links: Claude Monet ›Vier Pappeln‹,
1891 – Metropolitan Museum, New York

Roy Lichtenstein ›Landschaft‹ –
Galleria d'Arte Moltiplicata Colophon, Mailand

Zeichnen und Malen im Freien macht Spaß. Zumindest der Skizzenblock sollte auf Reisen und Wanderungen Ihr steter Begleiter sein. Zum Aquarellieren im Freien nehmen Sie Malkasten, Pinsel, Aquarellblock, Wasser, ein Gefäß und einen kleinen Klapphocker mit. Ein tragbarer Malkasten und eine zusammenlegbare Feldstaffelei ermöglichen auch das Ölmalen in freier Natur.

Links: Gabriele Münter ›Kandinsky beim Malen einer Landschaft‹, 1903 – Städtische Galerie, München

Angiolo Tommasi ›Silvestro Lega beim Malen‹ – Sammlung Alvaro Angiolini, Livorno

Von diesem ›Atelier im Freien‹ machten viele Maler, besonders die Impressionisten, gern und häufig Gebrauch. Sie wollten möglichst unmittelbar das Flimmern der mittäglichen Hitze, die Wirkung des Lichts zu verschiedenen Tageszeiten oder den Reiz flüchtiger atmosphärischer Zustände auf der Leinwand festhalten.

Mon cher Bernard, ayant promis de
t'écrire, je veux commencer par te
dire que le pays me parait aussi
beau que le Japon pour la limpidité
de l'atmosphère et les effets de couleur
gaie. Les eaux font des tâches d'un
bel émeraude et d'un riche bleu dans les
paysages ainsi que nous le voyons
dans les crepons. Des couchers de soleil
orangé pâle faisant paraître bleus les
terrains. Des soleils jaunes splendides.
Cependant je n'ai encore guère vu le
pays dans sa splendeur habituelle d'été.
Le costume des femmes est joli et le dimanche
surtout on voit sur le boulevard des
arrangements de couleur très naïfs et
bien trouvés. Et cela aussi sans doute
s'égayera encore

Vincent van Gogh ›Der Pont de l'Anglois bei Arles‹, 1888 – Wallraf-Richartz-Museum, Köln

Van Gogh hinterließ neben seinem großen malerischen Werk eine Vielzahl von Skizzen, zum Teil Vorstudien für seine Ölbilder. Ein Brief an Emile Bernard vom März 1888 enthält eine Skizze des Pont de l'Anglois bei Arles. Van Gogh beschreibt seinem Freund eingehend die Farbstimmung; auch die Skizze enthält Farbangaben.

Bei der Umsetzung dieses Fotos in ein Ölbild war der Kontrast der kalten Lichter des Bürohochhauses zu der warmen Beleuchtung der benachbarten Hotels ausschlaggebend und wurde im Bild noch bewußt gesteigert.

Bei einem Flug über das mexikanische Hochland entstand diese Aufnahme. Den Anstoß zu der fast abstrakt wirkenden Bleistiftzeichnung gab der Gegensatz zwischen den hell-dunkel strukturierten Bergrücken und der filigranen Linie des Flusses.

Auf diesem Foto, kurz vor der Landung in Mexico City aufgenommen, ist ein Kanal mit zwei Seitenkanälen zu sehen, an deren Enden das Salzwasser in riesigen weißen Blumenformen versickert ist. Reizvoll ist der Kontrast zwischen dem schnurgeraden Kanal, den glitzernden Salzseen und der dunklen Fläche. Das Aquarell erwies sich für dieses Motiv als geeignetste Technik.

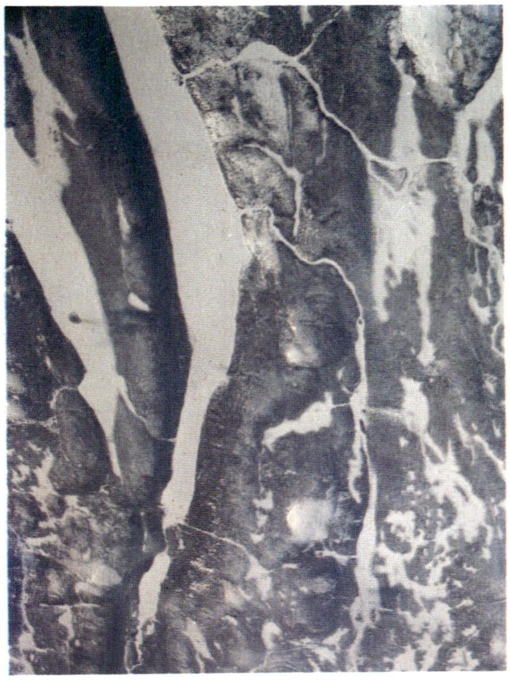

Übung (35): Wenn Sie vor lauter Erholung oder Eile im Urlaub nicht zum Skizzieren gekommen sind, können Sie auch Reisefotos als Gedächtnisstütze für Ihre kreative Nacherholung verwenden. Beschränken Sie sich aber nicht auf trockenes Abmalen. Geben Sie dem, was Sie sehen, Ihre ureigene Deutung. Falls Sie keine eigenen Fotos zur Hand haben, können Sie auf diese drei Beispiele zurückgreifen: Links die Küste von Labrador, aus der Luft gesehen, unten ein Mädchen an der Tür, darüber ein japanischer Garten.

Denken Sie bei Ihren Landschaftsbildern auch immer an die jeweilige Wetterstimmung. Sonnenschein, Nebel, Gewitter, Schnee und Regen zaubern aus derselben Landschaft immer neue Farbstimmungen, die mit den eigentlichen Grundfarben – Blau für Himmel, Weiß für Wolken, Grün für Gras und Laub, Rot für Hausdächer – oft kaum mehr etwas gemein haben.

Übung (36): Übertragen Sie das nebenstehende oder ein ähnliches Motiv auf Leinwand oder Aquarellpapier und versuchen Sie, eine der fünf Wetterstimmungen möglichst charakteristisch wiederzugeben.

Bei strahlendem Sonnenschein verwenden Sie leuchtende, warme Farben und setzen die Schattenpartien hart in Lila, Blau oder Violett dagegen ab. Helle Reflexe der umgebenden Farben beleben die Flächen.

Der Nebel überzieht alle Farben mit einem Grauton. Mit zunehmender Entfernung verschwinden die Konturen und werden schließlich ganz verschluckt.

Ein Gewitter bringt je nach Heftigkeit und Tageszeit die unterschiedlichsten Lichtverhältnisse mit sich. Setzen Sie dunkle Farben gegen blitzartig erhellte Partien.

Schneeflächen erscheinen durch Reflektionen von Sonne und Himmel in Gelb und Hellblau, Schattenpartien in Lila und Dunkelblau.

Der Regen überzieht alle Farben mit einem tristen Graugrün; die Farbintensität nimmt mit zunehmender Entfernung ab.

Die Figur

Unten: Henri Matisse ›Sitzender Akt mit erhobenen Armen‹, 1924 – Museum of Modern Art, New York
Rechts: Pierre-Paul Prud'hon ›Stehender Akt‹ – Louvre, Paris

Die menschliche Figur ist das faszinierendste Thema für Künstler aller Epochen und Stilrichtungen. Zwar hat sich das Bild vom Menschen im Lauf der Jahrhunderte oft gewandelt; gleichgeblieben aber ist das Bestreben, den Menschen in seiner Schönheit oder Häßlichkeit, seinen Höhen oder Tiefen zu zeigen. Wichtigste Voraussetzung dafür ist das richtige Erfassen der Proportionen, der Längen- und Breitenverhältnisse von Kopf, Rumpf und Gliedmaßen zueinander. Das bedarf langer

Übung und kann nur durch fleißiges Skizzieren erworben werden. Machen Sie nie den Fehler, eine Figur schon mit Details wie Nase, Augen, Haaren oder Fingern zu versehen, ehe die Grundformen proportionell richtig durchgezeichnet sind. Um den Weg von der groben Skizze bis zum fertigen Bild anschaulich zu machen, sind den Bildbeispielen auf dieser und der folgenden Doppelseite Zeichnungen beigefügt. Wenn Sie figürlich zeichnen, beginnen Sie mit wenigen Strichen, die die Grundhaltung der Figur festlegen. Dann erst deuten Sie in durchgezeichneten Linien die plastische Form des Oberkörpers, des

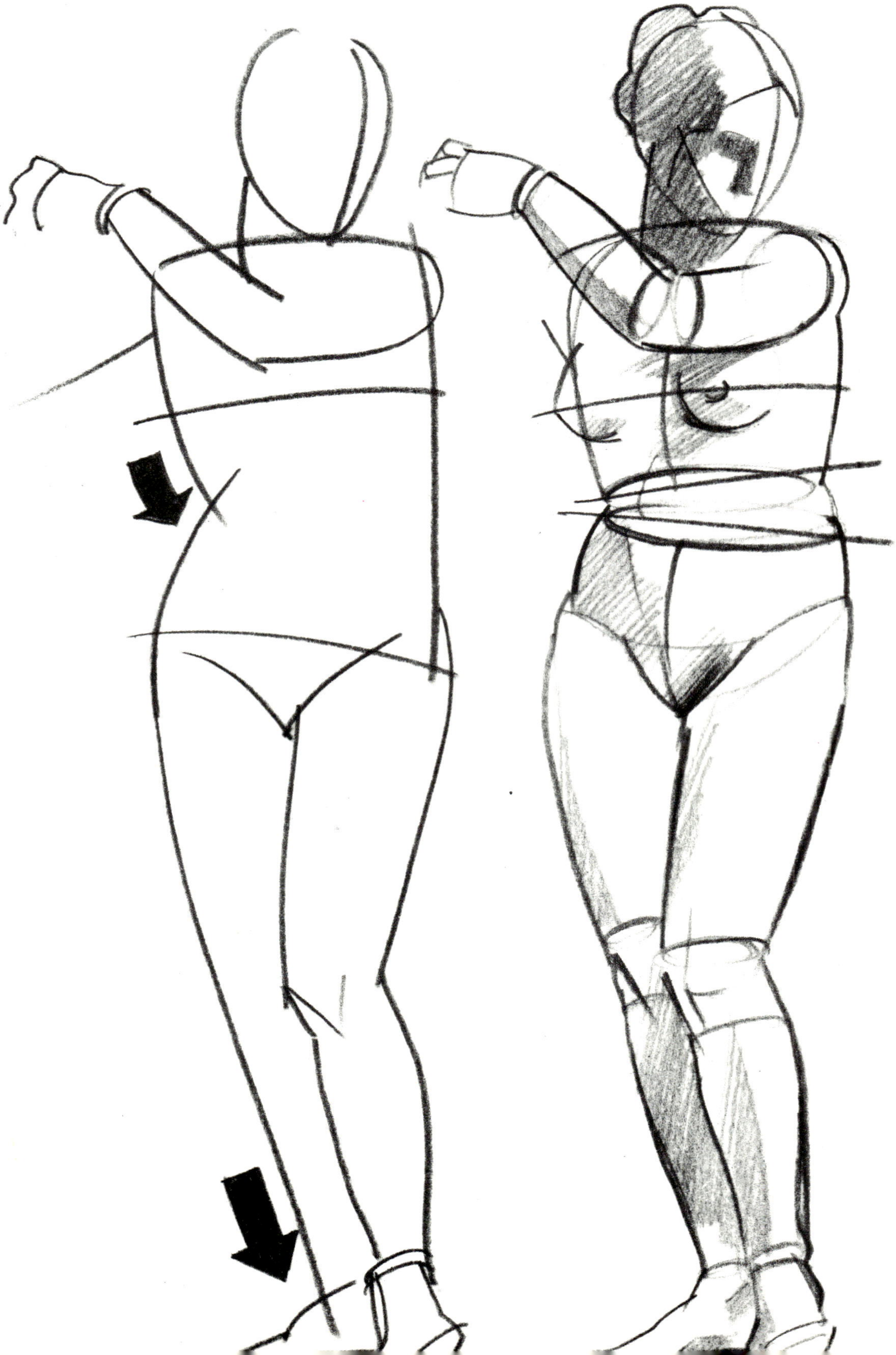

Unterleibes, des Kopfes und der Gliedmaßen an. Anschließend kontrollieren Sie, ob Kopf-, Arm- und Beinansatz, Hand- und Fußstellung stimmen und in ihren jeweiligen Verhältnissen zueinander richtig erfaßt sind. Achten Sie besonders auf das Verhältnis von Kopflänge zu Körperlänge (die Figur eines Erwachsenen

mißt etwa 7–8 Kopflängen) und von Rumpflänge zu Beinlänge. Bei Kindern und Jugendlichen ist das Verhältnis von Kopflänge zu Körperlänge anders als bei Erwachsenen. So ist ein einjähriges Kind etwa 4,5 Kopflängen, ein Zwölfjähriger etwa 7 Kopflängen groß.

Übung (37): Bevor Sie ein lebendes Modell zeichnen, üben Sie an Fotos oder, falls Sie Gelegenheit dazu haben, an Plastiken im Museum. Gehen Sie nicht zu früh ins Detail! Lassen Sie sich vor allem nicht entmutigen, wenn Ihre ersten Versuche recht kläglich ausfallen sollten. Der Anfang ist bei figürlichem Zeichnen besonders schwer.

Otto Mueller ›Die großen Badenden‹, 1927 – Sammlung Miltred Crous, Krefeld

John Vanderlyn ›Die verlassene Ariadne auf Naxos‹, 1814 – Pennsylvania Academy of Fine Arts, Philadelphia

Entscheidend für die Aussage eines figürlichen Bildes ist der kompositionelle Aufbau. Ein charakteristisches Beispiel dafür ist Picassos ›Arme Leute am Strand‹ (1903; National Gallery of Art, Washington). In den gesenkten Köpfen der Figuren wird die drückende und traurige Stimmung offenkundig; die stumpfen Erdfarben unterstreichen diesen Eindruck.

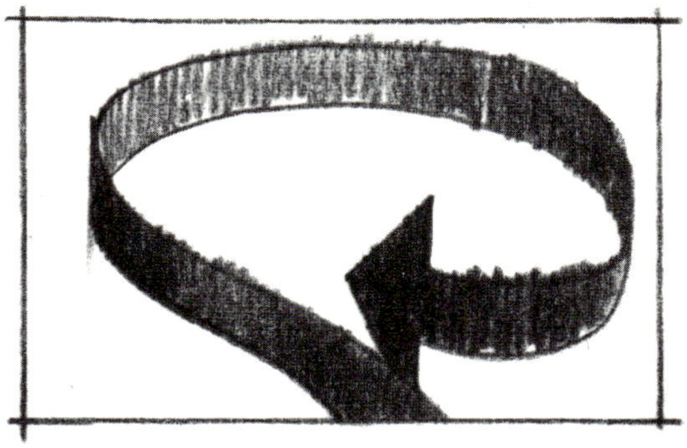

1910 malte Henri Matisse das Bild ›Der Tanz‹ (Eremitage, Leningrad). Das Thema bestimmt hier den kompositionellen Aufbau vollständig. Die Figuren bilden eine bewegte Kreisform.

Äußerst elegant wirkt dagegen die Dame auf Amadeo Bocchis Bild ›Im Park‹ (1919; Galleria Communale d'Arte Moderna e Contemporanea, Rom). In lässig entspannter Haltung erscheint sie auf die Sessellehne hingelagert.

Die Figur im Wandel der Zeit

Diese Ausschnitte aus Werken bedeutender Künstler sollen Ihnen die Wandlung in der Darstellung der menschlichen Figur auf einen Blick vor Augen führen.

Von links nach rechts:

Leonardo da Vinci ›Maria, Anna, Jesus und Johannes der Täufer‹ – National Gallery, London

Dominique Ingres, Skizze zu ›Antiochus und Stratonice‹ – Metropolitan Museum, New York

James A. McNeill Whistler ›Bildnis Miss Alexander‹, 1872–74 – Tate Gallery, London

Edvard Munch ›Bildnis der Schwester Inger‹, 1892 – Nasjonalgalleriet, Oslo

Gustav Klimt ›Judith II‹, 1909 – Galleria d'Arte Moderna, Venedig

August Macke ›Leute am blauen See‹, 1913 – Staatliche Kunsthalle Karlsruhe

Henry Moore ›Figurenkomposition‹, 1955 – Sammlung Igor Strawinsky, Los Angeles

Pablo Picasso ›Das Frühstück im Grünen (nach Manet)‹ – Galerie Louise Leiris, Paris

Die Tiere

Tiere sind fast immer in Bewegung. Bevor Sie ein bestimmtes Tier zeichnen, sollten Sie seine charakteristischen Bewegungen sehr genau beobachten. Versuchen Sie dabei, Körperaktionen mit möglichst wenigen Strichen skizzenhaft festzuhalten. Für die Proportionierung und plastische Wiedergabe des Körperbaus eines Säugetieres gilt prinzipiell dasselbe, was schon bei der Behandlung der menschlichen Figur gesagt wurde. Beginnen Sie also auch hier mit den einfachen Grundformen (Kugel, Zylinder, Kubus). Die Darstellungsart ist natürlich vom jeweiligen Motiv abhängig; ein spielendes Kätzchen etwa werden Sie in einem ganz anderen Strichduktus anlegen als einen angreifenden Stier.

Shiko Munakata ›Falke‹, 1950

Pablo Picasso ›Stierkämpfer‹, Tuschezeichnung, 1959

Betsujivo Okamoto ›Tiger‹ – Sammlung Lutz Walter

Das Porträt

Im Gesicht spiegelt sich das Innenleben des Menschen. Kein Gesicht gleicht dem anderen; es gibt unzählige Formen: schöne und häßliche, runde und eckige, weiche und harte, lange und breite. Vorerst sollen Sie mit Bleistift oder Kohle nur die Grundformen eines Kopfes in den verschiedensten Drehungen und Haltungen erfassen lernen. Auf der Abbildung links sehen Sie in der ersten Reihe von oben nach unten die einfache Grundform des Kopfes mit eingezeichneter Augen- und Nasenhöhe. In der zweiten Phase werden Ohren, Augen, Nase und Mund eingezeichnet und Frisur, Augenbrauen und Gesichtszüge grob angelegt. Daneben erkennen Sie das durch charakteristische Einzelheiten und Licht- und Schattenpartien vervollständigte Porträt. Die rechte Seite zeigt Ihnen das Foto eines Mädchens und die Umsetzung in ein mit schwarzer Kreide gezeichnetes Porträt. Die vier Zwischenphasen, die Ihnen hier den Zeichenvorgang verdeutlichen sollen, werden normalerweise in feinen, kaum sichtbaren Linien angelegt.

Übung (38): Sicher haben Sie schon einmal das Bedürfnis gehabt, die Gesichtszüge einer vertrauten Person durch eine Zeichnung individuell herauszuarbeiten. Sie können natürlich auch ein Foto als Erinnerungsstütze zu Hilfe nehmen.

Die Palette war bei diesem Beispiel auf folgende Farben beschränkt: Titanweiß, Kadmiumgelb hell, Lichter Ocker, Kadmiumrot hell, Englischrot hell, Umbra gebrannt, Ultramarinblau, Heliogenblau, Kobaltblau, Elfenbeinschwarz.

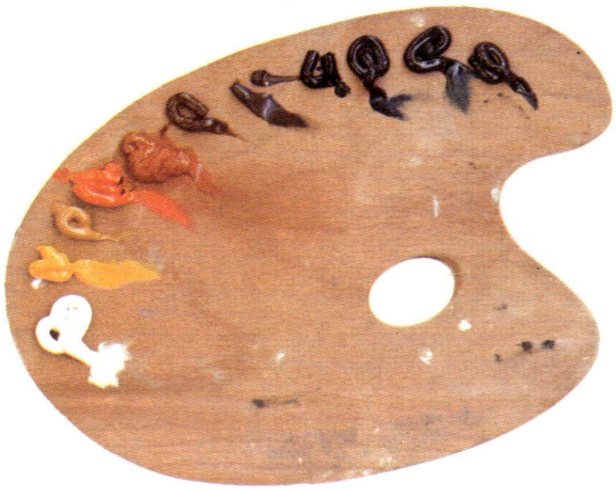

Der Malgrund wurde mit stark verdünnter Umbra leicht getönt, die Vorzeichnung des Kopfes mit leicht verdünnter Umbra gebrannt angelegt. Die zweite Phase zeigt die dunklen Partien aus Umbra mit Ultramarin gemischt.

Die hellen Haarpartien und Teile des Hintergrunds wurden mit einer Mischung aus Umbra, Lichtem Ocker und Titanweiß angelegt, der Kragen in Titanweiß mit etwas Blau und Umbra gemischt. In dieser Phase sollte die Hell-Dunkel-Verteilung der Kopfform grob festgelegt werden.

Nun folgt das Einsetzen des Hauttons aus einer Mischung von Ocker und etwas Englischrot, die nach Bedarf mit Titanweiß aufgehellt werden kann.

Einheit mit Gesicht, Haaren und Kleidung gebracht.

Übung (39): Versuchen Sie nun selbst, ein Ölporträt zu malen. Beim ersten Mal können Sie natürlich auch diesen Mädchenkopf zum Vorbild nehmen.

Die grob eingesetzten Farbtöne werden nun nach und nach verfeinert, Augen und Wimpern malen Sie mit einem sehr feinen Pinsel. Um Nase und Mund setzen Sie individuell charakteristische Gesichtszüge ein. Spitzlichter – so nennt man die hellen Lichtreflexe – betonen die plastische Wirkung. Zum Schluß wird der Hintergrund farblich und kompositionell in

Eine wichtige Rolle spielt die Plazierung des Porträtierten im Bild. So kann eine am unteren Bildrand seitlich erscheinende Person Verzagtheit ausdrücken, ein gesenkter Kopf Mutlosigkeit. Groß von vorn dargestellt, strahlt der Porträtierte Macht und Selbstbewußtsein aus. Aus der Froschperspektive gesehen, kann er brutal, skrupellos, autoritär erscheinen. Suggestive Wirkung läßt sich erreichen, wenn das Format ganz vom Gesicht ausgefüllt wird. Schon diese wenigen Andeutungen zeigen, daß der Spielraum hier unerschöpflich ist. Versuchen Sie, den sechs groben Skizzen entsprechende Ausdruckseigenschaften zuzuordnen. Erarbeiten Sie sich in ähnlichen Skizzen weitere Möglichkeiten.

Dieses anmutige Mädchen sitzt gelöst in einem Korbsessel. Die Dreiecksform aus Armen und Rock vermittelt Geschlossenheit: eine in sich ruhende Persönlichkeit. Ursprüngliche Naivität, aber auch ein gewisser Stolz spricht aus Blick und Haltung.

Resignation und Verzweiflung offenbart das Bildnis des alten Mannes. Der geneigte Kopf – durch die Gegenbewegung der stützenden Hand gehalten – sagt alles über seine seelische Verfassung aus.

Rechts: Vincent van Gogh ›La Mousmè‹, 1888 – National Gallery of Art, Washington

Ferdinand Hodler ›Seelenqual‹, 1891/92 – Kunstmuseum Basel

Die ›Stimmung‹ eines Porträts resultiert im wesentlichen aus Farbe, Haltung, Gestik und Gesichtsausdruck. Toulouse-Lautrecs ›Wäscherin‹ (1889) ist in vier etwas trüb wirkenden Hauptfarben gehalten. Aus welchen Tönen sie gemischt wurden, ist unter dem Bild jeweils angedeutet. Die wenigen intensiven Töne beschränkte der Maler auf das Gesicht, das so zum Blickfang wird. Das Aufstützen und das etwas durchhängende Rückgrat zeigen die Erschöpfung der Frau.

Egon Schieles ›Bildnis Poldi Lodzinsky‹ (1908; Art Gallery Winnipeg) erhält durch den lächelnden Gesichtsausdruck, den warmen Grundton und die intensiven Farben eine freundliche, heitere Stimmung.

Im Selbstporträt sucht der Künstler seine eigene Individualität darzustellen. Links ein Selbstbildnis Tsugonharu Foujitas (1926; Musée des Beaux-Arts, Lyon), das den Künstler mit seiner Katze am Arbeitstisch zeigt. Unten links Erich Heckel (1915; Staatliche Kunstsammlungen, Kassel) vor einem Bord mit Flaschen, rechts Lovis Corinth (1896; Städtische Galerie München) neben einem Gerippe.

Die letzte Übung (40) in diesem Buch ist sicher auch die schwierigste: Setzen Sie sich vor einen Spiegel und porträtieren Sie sich selbst.

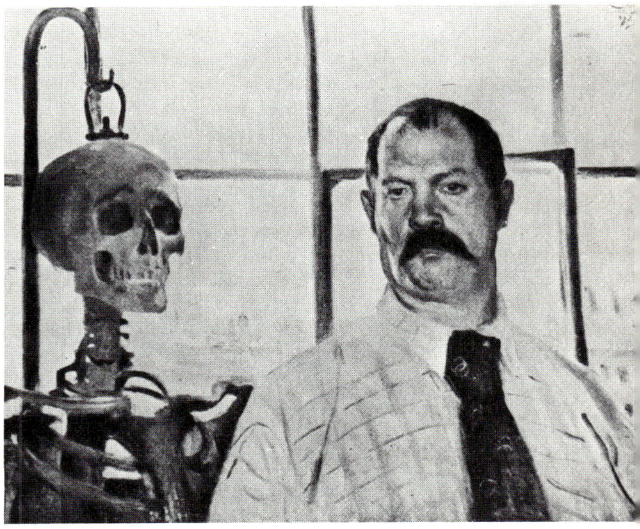

Bildnachweis

Register

NAMENSREGISTER

SACHREGISTER